Hegel, L'inquiétude du négatif

ヘーゲル　否定的なものの不安

ジャン=リュック・ナンシー

大河内泰樹+西山雄二+村田憲郎=訳

Jean-Luc Nancy

現代企画室

ヘーゲル　否定的なものの不安

ジャン＝リュック・ナンシー

大河内泰樹＋西山雄二＋村田憲郎＝訳

Auteur : Jean-Luc Nancy
Titre : HEGEL, L'inquiétude du négatif

This book is published in Japan by arrangement
with Hachette Livre, Paris,
through le Bureau des Copyrights Français, Tokyo.

ヘーゲル　否定的なものの不安　　目次

三つの読解――解説に代えて

凡例

一、原文の《》は「」で、()はそのまま表示した。

二、イタリックによる強調は傍点で強調した。

三、原文中大文字ではじまる単語には〈〉を付した。ただし、訳文を読み易くするために、原文のハイフンで繋がれた表現に〈〉を用いた場合もある。

四、[]は原語を挿入するため、また、訳者による補足を表すために用いた。

五、★印を付したものは原注で、見開き奇数頁の左端に注を入れた。☆印を付したものは訳注で、訳注は巻末一四四頁~一五三頁にまとめた。

六、引用及び出典に関しては以下の要領で記した。

＊本文におけるヘーゲルからの引用ないし巻末のヘーゲル・テキスト選は、すべて原則として訳者によるフランス語からの翻訳である。ただし、以下にあげるドイツ語のズールカンプ版ヘーゲル全集、および日本語訳を適宜参照し、また読者の便宜のためそれぞれの該当個所を記した。ズールカンプ版の全集に関してはテキストクリティーク上の問題が指摘されているが、最も普及していることと、原著者自身が本書でテキストクリティークの問題に特にこだわっていないことから、これを使用した(原注一参照)。

＊ただし、原著者が曖昧にしか出典を指示しておらず、必ずしも参照指示が正確ではないため、ドイツ語原文、日本語訳に対する参照指示を断念した箇所がある。また、原著者の参照指示が明らかに間違いである場合には、断りなく訂正した。

＊ヘーゲルのドイツ語テキストへの参照指示は以下のズールカンプ版全集の巻数とページ数によって示す。例：Werke 3, S. 71.

G. W. F. Hegel Werke : [in 20 Bänden], Redaktion Eva Moldenhauer und Karl Markus Michel, Frankfurt am Main : Suhrkamp, 1969-71.

＊ 参照したテキストは次のとおり。

『信仰と知』

上妻精訳『信仰と知』、岩波書店、一九九三年。

Jenaer Schriften 1801-1807, Werke, Bd. 2.

『精神現象学』

樫山欽四郎訳『精神現象学（上・下）』、平凡社ライブラリー、一九九七年。

Phänomenologie des Geistes, Werke, Bd. 3.

『哲学的プロペドイティーク』

武市健人訳『哲学入門』、岩波文庫、一九五二年。

Nürnberger und Heidelberger Schriften 1808-1817, Werke, Bd. 4.

『大論理学』

「有論」：武市健人訳『大論理学　上巻の1』、岩波書店、一九五六年。

同訳『大論理学　上巻の2』、岩波書店、一九六〇年。

「本質論」：寺沢恒信訳『大論理学 2』、以文社、一九八三年。

「概念論」：同訳『大論理学 3』、以文社、一九九九年。

Wissenschaft der Logik I・*II*, Werke, Bd. 5, 6.

『法の哲学』

藤野渉・赤沢正敏訳「法の哲学」、『世界の名著四四　ヘーゲル』所収、中央公論社、一九七八年。

Grundlinien der Philosophie des Rechts, Werke, Bd. 7.

『エンチュクロペディー』

Enzyklopädie der philosophischen Wissenschaften im Grundrisse.

『小論理学』：

松村一人訳『小論理学（上・下）』、岩波文庫、一九五一・五二年。

Die Wissenschaft der Logik, Werke, Bd. 8.

『自然哲学』：

加藤尚武訳『自然哲学（2a・b）』、岩波書店、一九九八・九九年。

Die Naturphilosophie, Werke, Bd. 9.

『精神哲学』：

船山信一訳『精神哲学（上・下）』、岩波文庫、一九六五年。

Die Philosophie des Geistes, Werke, Bd. 10.

『美学講義』

竹内敏雄訳『美学　第一巻の中』、岩波書店、一九六〇年。

Vorlesungen über die Ästhetik I, Werke, Bd. 13.

『宗教哲学講義』
木場深定訳『宗教哲学　下巻1』、岩波書店、一九八四年。
Vorlesungen über die Philosophie der Religion II, Werke, Bd. 17.

ヘーゲル　否定的なものの不安

不安 *Inquiétude*

ヘーゲルは現代世界の開始を告げる思想家である。その全著作は世界の流れの、したがって哲学の流れの決定的な転換に取り組まなければならないという意識と情動によって浸透され、突き動かされている。意味はもはや共同体という宗教的な紐帯によって提起されることはなく、知はもはや一つの意味の全体性に基づいて秩序づけられることはない。しかし社会が共同体に続いて現れ、それ以降、共同体は自分自身から切り離されたものとして認められている。そして、知は、対象や手続きについての認識なのだが、そうした対象も手続きも何一つそれ自身では［＝即自的には］もはやその目的ではない。こうした世界はそれ自身を、様々な利害や対立、特殊性、道具性に満ちた灰色の世界として知覚する。このように、世界は分離の世界、そうした分離がもたらす苦痛の世界として知覚され、そして、その歴史が残虐さの連続であり、その意識が根本的な不幸の意識[☆1]であるような世界として知覚されるのである。これはあらゆる点で外在性の世界であり、生はそこから引き退き、意味の同一性に支えをもつことも、そこで内省することもなく、或る項を他の項へと終わりなく［＝目的なく］転位させる。こうした転位は、それを至上の意義にまで高めるであろうような超越の運動とは、もはや決して再び結び付くことがない。この転位は「意義を奪われた死［der bedeutungslose Tod］」[★1]の可能性、つまり、意義そのものの死の可能性を知っている。[☆2]超越的なもの、つまり、その純粋で単純な所与の彼岸にまで高められた存在は、抽象化の空虚さの内へと遠ざかった。超越的なものの威厳を、反動によって取り戻すと主張する人々は、〈絶対者〉を、今ここで措定するという主張に、情熱的にあるいは狂信的になるあまりに、超越的なものをなおさら確実に失うのである。

〈絶対者〉の絶対的否定性がこの世界の一切の経験、そして世界の自己意識を構成するように思われる。しかし、それは世界の経験であり、世界の意識である。つまり「その時代を越えて跳躍する」[★2]ことができないであろうのと同様に、この意識や経験は世界から引き退く術を知らないのだ。そこにはいかなる病的な自己満足もなく、不幸という徳に対するいかなる偏愛もない。そうではなく、この世界が必要としているのは真理であり、慰めではないのだ。まさに世界の試練［＝経験］[☆3]において、そして世界の不安[☆4]を通じてこそ、世界が自らを見い出す必要があるのであり、それは、世界の悲惨さについての証言をひどいものにするしか能のない教訓じみた言説という気休めにおいてではない。しかし、「自らを見い出す」ということはいかなる場合においても、単に、そして一時的に影のうちに移行した［いずれはそのうちに戻ってくるはずの］魂や価値、同一性を前提するということではありえない。何しろ「自己」とはまさしく自己との関係という形式と運動、自己へ進み、自己へと帰るという形式と運動なのだから、「自己」が自らに先立つことはない。この世界は分離を意識するだけではない。つまり、分離においてこそ、世界は自己［の］意識を持ち、こうした意識の経験を行うのである。さらにより正確に言おう。世界が分離の世界として経験される［＝試練にかけられる］が故にこそ、その経験は「自己」という形式を取るのである。この形式は関係という形式、運動という形式である。「自己」とは「自らを自己に関係付けること」を意味する。これはその項が与えられない［＝所与ではない］関係である――そして分離の世界は、意味の関係の諸項、つまり「自然」「神」「共同体」といったような項がもはや与えられない［＝所与ではない］世界なのである。

ヘーゲルは、この世界がそこにおいて自らを経験する［＝試練にかける］曖昧たる知が、いかにして非－所与的な関係、つまり無限の関係として自己の知であるのかを思惟しようとする。それゆえ、ヘーゲルが主体と呼ぶ物ないし者がいかにして、この知において自らを明らかにする［＝啓示する］のか、また、その主体がいかにして、「所与」一般の否定という次元において、そ

★1 この試論は文献学的な校異に従わなければならないような種類のものではない。ヘーゲルからの引用に対する参照指示は、原書の版を考慮することなく、著作の章あるいは節によって示される（しかし、テクストへの参照指示がないまま、引用に近いものやさりげない言及がなされることもあるだろう）。この箇所は、『精神現象学』、C、BB、「精神」、B、III［『精神現象学（下）』、一八九頁/Werke 3, S. 440］。

★2『法の哲学』、序文［一七二頁/Werke 7, S. 26］。

して「所与」一般の否定という論理に従って自らを構成し、自らを解放するのかを思惟しようとするのである。

ヘーゲルの主体は諸表象を総合する、分離された一面的な審級としての主観性とも、一個の人格性という排他的な内在性としての主観性とも混同されてはならない。確かにこれらはどちらも主体の契機、他にいろいろ契機がある中の一契機ではあり得るが、しかし、主体そのものは決してそのようなものではない。一言で言うならば、ヘーゲルの主体はどうあっても自己に閉じこもる自己［*le soi à part soi*］ではない。それは逆に、そして本質的に、一切の実体を解消する物ないし者である――既に与えられている審級、最初のあるいは最後の審級として、創設のあるいは最終的な審級として仮定された審級、そして、自己において［＝即自的に］休らい、その支配とその固有性を分有することなく享受することができる審級、こうしたいかなる審級をも解消する物ないし者なのである。このことを理解しないヘーゲルの読者は何も理解していない。つまりこうした読者は「主体」のイデオロギー的な観念《ノシオン》――つまりその非哲学的な、個人主義的な、利己主義的な、「自由主義的な」観念《ノシオン》を、あるいは、同様にイデオロギー的な、「共同体主義的な」、ナショナリスティックなあるいは帝国主義的な観念をこっそりと前提してしまっているのである。

主体とはこの主体自身が為すところのもの、自らの行為である。主体が為すところのものとは、実体の否定性についての意識の経験である。この経験は近代世界史についての具体的な経験と意識であり、つまりまた、その固有の否定性を通じた世界の移行についての意識の経験である。すなわち、一つの「世界」一般（秩序的宇宙［cosmos］、世俗世界［mundus］）に備わる目印や階層秩序の喪失、またこの喪失による、新たな意味における〈生成―世界〉である。世界は内在的になり、そして世界は無限になる。この世界はこの世界でしかなく、それ以外の意味は持たない。こうして、世界は〈世界の歴史［l'histoire-du-monde］〉の世界となるのである（歴史とは否定性の運動という意味であるが、歴史は、それ自身で、歴史を終焉させに到来するような意味を持つわけではない）。否定性の具体的な実存[☆5]、有限者が優勢であるこの世界は、否定性の無限の労働、つまり意味の不安を即自的に包み隠すと同時に――この「同時に」［en même temps］ということこそが時間＝時代［le temps］である――明らかにする［＝啓示する］のである（ここで意味とはヘーゲルが「概念」と名付けるものである。つまり、自己を理解する［＝内包するse-concevoir］、自己を把握する［se-saisir］、そして自己と関係する［se-rapporter-à-soi］こと、ドイツ語では begreifen、つまり「把握する」「捕まえる」「理解する」［＝一摑みに―捕らえるcom-prendre］ことである）[☆6]。こうして、内在性の不安において世界精神は生成する。世界精神は（あたかも自分がそれ自身に対して外的な目的であるかのように）自らを探し求めるわけでもなければ、また（あたかもそこここにある物であるかのように）自らを見い出すわけでもない。そうではなくて、世界精神は自らを現実化するのだ。つまり、世界精神はその固有の具体的な現実性の生き生きとした不安なのである。

精神とは何か静止しているものではなく、むしろ絶対的に静止を欠いたもの［sans repos, unruhig］、純粋な活動性、あるいは固定された一切の悟性規定の否定、あるいはその理念性である。精神は抽象的に単純なるものではなく、その単純性において同時に自分自身から自己を区別する働きであり、――既に現象の手前で完成し、現象［という山］[☆7]の背後に自分を隠している本質ではなく、それは真には、その必然的な自己啓示という規定された形式を通じて初めて現実的なのである[★3]（Unruhig は「静止を欠いた」「動揺した」「不安な」といった意味である）。

運動の、変化の、転位の、そして不安のこの世界、その原理と構造において自己の外にあるこの世界、そこにおいては自然が存続することなく、自ずから労働と歴史へと外出するこの世界、そこにおいては神的なものが存続することなく、そのあらゆる形象の彼岸で尽きてしまうこの世界、この世界はそれ自身とは異なるある目的＝終末あるいは帰結へと、その固有の外在性の吸収あるいは崇高化へと進行していくのではない。ただ、だからといって、世界が実存の不安定で単純な措定という生《なま》の事実であるというわけではない。というのも、そうすると自己意識の不安それ自身が世界の経験の一次元ではないことになってしまうからであり、あるいはより正確にいえば、経験も思惟もありえないことになってしまうからである。不安自身が、既に働きつつある思惟、経験しつつある＝試練にかけられた思惟なのである。

こうしてこの世界は単純な帰結でもなければ、帰結を持つこともない。この世界はそれ自身その固有の運動の内で帰結する世界であり、世界のものであるこの真理についての思惟自身が今度は、一つの運動、一つの不安なのである——実際には、思惟が自己の、自己に関しての、自己に対しての［＝対自的な］不安である限りにおいて、そして、この自己が無限に他者の内で他者として自らを啓示するが故に、思惟と不安とは同じものなのだが。ヘーゲルの思惟はこうして自分自身を変容させる哲学となるのであり、ヘーゲル以降、哲学の行為と言説は明らかにそれ自身の外に絶えず身を置き続けてきた。そして／あるいは、それ自身の内でその無底の根底へと還帰し続け、自らを再び賭け、自らを再創造し、同様に、自らを暴き立て、自らを苛立たせ続けてきたのである。

　思惟という経験＝試練、悲惨、不安、及び責務。つまり、ヘーゲルは世界が歴史へと入場するのを目撃した証人なのである。その歴史とは、ただ形式を取り替えること、あるヴィジョンや階層秩序を他のヴィジョンや他の階層秩序で置き換えることが重要であるような歴史ではなく、そこにおいては唯一の視点や階層秩序の点が変容そのものの点であるような、そういった歴史である。したがって、こうした点は点ではない。それは、そこにおいて意味の勢いがかつてなく経験

★3『エンチュクロペディー』、第三七八節、補遺［『精神哲学（上）』、第二節、補遺、一二―一三頁／Werke 10, S. 12］。

されるような移行、否定性なのである。

ヘーゲル以降、我々はこうした否定性の内に浸透して止むことがない。それなのに、ヘーゲル自身の時代、同様に彼の哲学はといえば、我々の背後遠くに放置されている。ある観点からすれば、我々は今日使用可能ないかなる意義をもそこから受け取ることができない。そもそもそれ故に、ここでは、ヘーゲルを「復元する」ことを主張したり、「ヘーゲル主義」を標榜する必要はないのである。というのも、あたかもヘーゲルが、我々に至るまで、すでに読み直され、考え直され、思惟の内で再び賭けられてきたかのように、人はヘーゲルを読み、ヘーゲルについて思惟するのだからである。しかし、ヘーゲルが何よりも思惟させることは、意味が決して所与のものでも、自由に使用可能なものでもないのだということ、重要なのは自らを意味にとって使用可能にすることであり、この使用可能性こそが自由と呼ばれるのだということである。

生成 *Devenir*

ヘーゲルの思惟の始まりは一つの原理の断言ではない。この始まりは哲学の自己への回帰——この回帰は不安で、心配げで＝予め占有されながら［préoccupé］も、前提とされる［présupposé］ことがない——と端的に同一である。哲学はそれが既にそうであるところのものに自らを露呈する。[☆8] これは、自らを世界として知るこの世界の意識の運動であり、いかなる表象＝再現前（一定のイマージュ、理念、概念あるいは意味）によっても充たされず、確保されない、この世界の意識の運動である。というのも反対にこの運動が、つまりは、世界こそがすべての表象をその歴史を通じて運び去るからである。

思惟の不安とは何よりもまず、すべてが既に始まってしまっているということである。したがって創設《フォンダション》というものは存在しないだろうし、世界の流れを再開するためにその流れを停止させることもないだろう。私たちはもはやデカルトの境位《エレメント》のうちにも、カントの境位のうちにもいない。もし歴史の糸が切れているとすれば、それは自ずと切れているのであって、歴史の連続性があるとしても、それは分割や拡張といった事態である。しかし同様に、すべては既に終わってしまっている［＝有限である］。無限者や絶対者はいかなる一定の形象においても呈示＝現前化されないだろう。[☆9]別の形象が見い出されることがあるだろうが、今や、それらの形象はそのあるがままの形式として、つまり、移行において継起する形式、移行そのものという形式、移行が運び去る形式として知られている。かくして有限な形象はその都度、もっぱら形象それ自身を——つまり、それ自身とその無限の不安だけを呈示＝現前化するのである。

この二つの点において——つまり、始まりの不在と終わりの不在、創設の不在と成就の不在という二点において——、ヘーゲルは「全体主義的」思想家とは正反対である。もっとも、ヘーゲルは次のように考えている。真理とは全体的なものである、[☆10]さもなければ、真理とは何ものでもない［＝無である］（これこそヘーゲルの著作において「体系」という語が意味するものである。つまり、真理全体という総体としての配置のことである）、と。しかしながら他方で、全体性とは、包括的で割り当て可能な形式そのもの、存在や意味に課せられる形式ではなく、存在するものの自己への無限な関係のことである、と。

したがってヘーゲルはある原理ないしある基盤《フォンドマン》から始めることはない。そのような始まりは真理の運動ないし移行にとっては依然として疎遠なままだろう。哲学にとって、「始まりは、哲学しようと決断する場合の主体に関係を持つにすぎない」[★4]と彼は書いている。しかし、何が決断の条件となるのかといえば、それは無規定である限りでの主体自身であり、つまり、「自身の直接的個別性＝特異性[☆11]において自身に対して無限な抽象的意志」[★5]である限りでの主体である。思惟とは無限なる主体の――いかなる決断もそうなのだが、実践的な――決断である。この主体は自らをこうした無限性に対して決断する。[☆12] つまり、存在や主体自身のいかなる有限な形式にも甘んじないことを決断するのである。哲学は本質的には、一つの理論的な知でも解釈上の一命題でもない。哲学とは意味の実践なのである。

始まりが決断の内にないならば、いかなる始まりも所与の始まりとなり、それゆえ――「存在」という抽象的な単なる観念《ノシオン》として、ないしは或る「原理」という理念そのものとして――既に他処から派生し、産出された始まりとなるだろう。しかし、決断の内にあるならば、いかなる始まりも一つの始まりではない。それは、流れ行く所与における生起、断絶であり、何らそのものとして措定されうるようなものではない。そして、各々の主体もまたそれはそれで断絶をなすはずである。各々がこのような断絶なのである。

ヘーゲルは始めることも終えることもしない。彼は、始まりや終わりといったものは明らかに存在せず、無限者の十全な現実化だけが有限者を貫き、有限者に働きかけ、有限者を変容させるという事態に直面した最初の哲学者である[★6]。この事態が意味するのは、存在の否定性、空洞、間

★4 『エンチュクロペディー』、第一七節［『小論理学（上）』、第一七節、八九頁/Werke 8, S. 63］。

★5 同書、第四二八節［該当する節は『精神哲学（下）』、第五二節、四三頁/Werke 10, S. 217f. であるが、引用に該当する記述は見あたらなかった］。

隔、差異である。存在はこの差異そのものによって自己へと関係し、かくしてその本質全体とその活力源［エネルゲイア］全体からして自己と関係するという無限の活動＝現勢態［acte］であり、そのようにして否定的なものの威力＝潜勢態［puissance］である。この否定的なものの威力＝潜勢態が、そこにおいて関係が開かれるところの間隔に宿り、現前から現前への移行に空洞を穿つ。これはいわば、現在の無限なる否定性である。

しばしば次のように言われてきた。ヘーゲルは予めすべてを自らに付与している、彼はすべてを予め前提［＝先行措定 présupposer］しており、それ故〈全体〉を前提としながらも、それを自分の〈体系〉が発見するかのように見せかけた、ヘーゲルは喜劇――分離という悲劇の喜劇――を自分に対して演じ、我々にも演じて見せたのだ、と。[☆13]

ところが、このような議論は自家撞着に陥るだろう。お望みならば、ヘーゲルは絶対者を前提していると言ってもよい。ただしこの前提はまさしく、いかなる前提、いかなる前―贈与をも損なわせるためになされる。絶対者において存在するとは、純粋かつ端的に存在すること、現にそこに、ここで今［hic et nunc］、存在することなのである。ヘーゲルの「前提されたもの」とは絶対的に実在的なものであり、絶対的に言えば、――この前提されたものによって、前提されたものにおいて、それは意味の実在性、つまり、主体の実在性である。すなわち、実在的なものはこうした主体において、主体として、対象の認識にとどまらず自己についての知や把握でもあるような知によって、そのものとして措定され、知られるに至る。私において、私として、宇宙は自ら普遍的なものであることを知り、つまりは把握する。それは、いかなる物の内でも私が自らが個別＝特異的であることを知り、つまりは自らを把握するのと同様であり、この逆もまた然りである。こうしたことは何ら溢れ出る神秘のようなものではなく、顕現一般の単純な実在性である。そして実のところ、このことが絶対的前提であり、つまりは、いかなる特殊性、いかなる規定にも先行する――とはいえ、何らかの普遍性、原理ないし起源としてではなく、存在の具体性そのものとして。同様に、自己についての知と把握はいかなる問いの設定にも、言説のいかなる分節化ないし定立にも先行するのである。

この思惟は問うことをしない。この思惟は、或るものが何故存在するのかを尋ねることもなければ、我々の認識がいかにして可能であるかを尋ねることもない。問いから生じない以上、この思惟は実際、あらゆる問いによって包み隠されている前提から生じるわけではない。この思惟の本質は、実在的なものがどうなっているのかを露呈させ、展開することにある（これをヘーゲルはまさしく一語で、「絶対者の露呈［＝展開、開示、解釈 Auslegung des Absoluten］」と言っている）[★7]。ただし、こうした露呈と展開がなされるのは、露呈と展開が自己自身を実在的なものの

★6 度々あることだが、この場合も、スピノザという例外を付け加える必要があるだろう。しかし、ここはこの主題を敷衍する場所ではない。

★7 『大論理学』、第二書、第三編、第一章、A［『大論理学2』、二二〇頁「絶対的なものの開陳」／Werke 6, S. 187］。

一部となし、即かつ対自存在の運動である限りにおいてである。露呈、展開ないし解釈とは、「絶対者固有の露呈であり、絶対者による絶対者であるものの顕示である」[★8]。肝心なのは絶対者に自らを露呈させるがままにすることである。しかし、だからといってこの思惟は受動性ではない。自己露呈は絶対者の本性そのものである。絶対者に自らを自由に露呈させるとは、自由としての思惟を作用させる［＝賭ける］——労働させる——こと以外の何ものでもない。存在と思惟とのこの親密な接続——これはパルメニデス以来哲学の最も古い関心事であり哲学の唯一のプログラムであるのだが——、必然性と自由とのこの絶対的な連接が、ヘーゲルの企て全体を担い、その企ての重大さ、困難さの全体を担っている。結局のところ重要なのは、「存在」と「思惟」という二つのカテゴリーを解消すること［dissoudre］、敢えて解消させたり、あるいは解消するにまかせる［faire et laisser se dissoudre］以外のことではありえない。しかし、この解消それ自身は、存在と思惟の互いに対する働きに他ならない。これらは両者とも、他方をその固有の堅固さや基体的存立［subsistance］[☆14]から脱措定［＝放置］する。しかし、存在と思惟が互いを脱措定する——そして、両者がこうした脱措定においてそれ自身を脱措定する——のは、他方を措定することによってである。かくして、意味の働きは純粋な否定性として与えられる——ただし、この否定性は、実在的なもののその絶対的具体化における生起に他ならず、主体という点に他ならない。

停止することも休止することもなく、この点の刻印の外にあること、これこそヘーゲルの不安である——さらに言うならば、この点は不安以外の何ものでもない……。とはいってもこれは不安にさせるものであるのと同時に、不安にさせられるものでもある。

＊

したがって、知というものは、表象＝再現前（*Vorstellung*、すなわち知の主体の前に、知の主体に対して、対象をその「事物の見え方」、つまりその乏しい制限に従って措定すること）ではなく、呈示＝現前化（*Darstellung*、すなわち「現にそこに―措定すること［position-là］」、しかるべき場所に置き、場面の内に置く＝登場させること［mise en place et en scène］、主体―存在そのものの露呈、生起）であり、したがって知は、「対象」であれ「主体」であれ、所与のあらゆる現前の否定となるだろう。所与の現前ではなく、現前の贈与、これが掛金となるのである。

或るもの[☆15]が現にそこにあり、与えられている（例えば、この本）[★9]。この物は与えられたものとして、すべての他のものとは別の物、他のものの否定であるにすぎず、他のものによって否定されているにすぎない。私はこの物を現にそこに与えられているものとして知る（私はこの物が実

★8 同書、第一章の導入部［同書、二一九頁／*Ibid.*］。
★9 この例に関しては、同書、第二書、第二編、第一章、A、c［同書、一六二頁／*Ibid.*, S. 137］。

在的なものであることを知り、同時に、可能的なものをもっぱら実在的なものにおいて知る)。こうした知の働きにおいて、物はもはや現にそこにはなく、露呈され、知られたものとして措定されている(例えば、依然としてこの本において……)。最初の否定は否定される。しかし、私の知もまたこの物にとって現にそこに与えられている存在[être-donné-là]であり、この知が与えられ続ける[=所与であり続ける]ことができるのは、それ自身が露呈されている限りにおいてである(本の外に出なければならない……)。物と知が各々露呈されていなければならないのであり、また、これらは相互的に露呈し合っている――互いの実在性の必然性と単なる可能性、あるいはその偶然性を同時に露呈しているのである。どんなものであれ規定されたものは、その規定によって、自らの偶然性というこの必然性の内に、つまり「生成という絶対的なざわめき、不安」[★10]の内にあるのである。

ところで、存在であれ思惟であれ、規定されていないようなものはありえない。すべては生成の絶対的不安の内にある。しかし、生成とは他の別なものへと通じる過程ではない。というのもこの生成はすべての物の条件であるからだ。生成の絶対的不安とはそれ自身絶対者の規定である。非常に正確に言えば、生成とは絶対化=紐帯を絶つこと[absolution]である。つまり、各々のものを自身の規定から引き離すことであり、そしてまたその規定における〈全体〉からの離脱である。こうして絶対者はそれであるところのものであり、つまり、自己と同等であることが絶対的な休止の内にある状態となる。しかし絶対者が絶対者であるのはそのようにしてのみ、非常に正確に言えば、非−休止としてのみなのである。そして、絶対者の過程ないし前進とは無限の過程ないし前進なのである。

　無限の過程は、前進運動が絶えず延期される終極へと、「無限に」進行するわけではない（ヘーゲルはこれを「悪無限」と呼ぶ）。この過程はすべての有限な規定がもつ不安定性であり、こうした過程によって、現前と所与が呈示＝現前化と贈与の運動へともたらされる。これが絶対的否定性の第一の基本的な意義である。否定的なものとは、いかなる有限性（もっとも、あらゆる存在は有限である）もその規定性を即自的に超過しているということを肯定する限りで、無−限[*in*-fini]の無という接頭辞のことである。有限性は無限の関係の内にあるのだ。何よりもまず、こうしたことを思惟は啓示するのであって、思惟はこれを問うのでも、基礎付けるのでも、表象＝再現前するのでもない。しかし、思惟が問うことも、基礎付けることも、表象＝再現前することもないということは、思惟が諸物の外で働くということではなく、思惟がそれ自身、諸物の不安であるということを意味する。

　確かに思惟が不安であるのは無媒介にでも、物の単なる特性［＝固有性］としてでもない。ヘーゲルは我々にアニミズム的な魔術や汎神論的な靄《もや》を供するわけではない（逆に彼は、その時代に蔓延していたあらゆる汎神論の形式に対する、この上なく緊迫した精力的な戦いを行った[☆16]）。

★10 同書、第二書、第三編、第二章、A［同書、二四一頁／*Ibid.*, S. 206］。

もし思惟が物と分離されていないならば、思惟は思惟ではないし、不安もまたありえないだろう。思惟とは反対に、諸物からの分離であり、この分離の経験＝試練である。しかしそれ故、思惟とはそれ自身、思惟が関わる諸物からの——概念、判断、意義からの分離なのである。思惟はこれら諸物の分離を貫いており、そして思惟はこの分離から自らを分離する——関係そのものとして、あるいはむしろ、関係の不安として、不安なその愛として。

浸透 *Pénétration*

それゆえ哲学的決断が明瞭に意味するのは、この決断が信仰あるいは認識に対して自らを決断するのではなく、この決断はまさしく信仰からも認識からも自らを分離することにあるということである。ヘーゲルが「知」あるいは「学」、そして「絶対知」と名付けるものによって近代性が開始されるのだが、それは、意味や真理との関係を、無媒介的なものとしても、媒介的なものとしても、もはや措定することができない、世界の時代区分である。これは諸々の相対主義が有する悪無限において、意味や真理が単に見失われ、崩れ去り、歪曲されたということではない。ヘーゲルは、あらゆる類の郷愁《ノスタルジア》に断固として背を向ける――すなわち、所与の意味、ただし過ぎ去った意味、過ぎ去ったものとして与えられ、与えられたものとして過ぎ去った意味のイマージュの内に汲み尽くされるような、あらゆる慰めの類に対して背を向けるのだ。だがこれは、反対に、未来において、あるいは未来そのものとして与えられるべき、あるいは自らを与えるべきであろう新たな所与に身をゆだねるためでもない。過去の現在でもなく、未来の現在でもなく、赤裸々《ニュ》な現在、すなわち、生成の不安定性の中で現在が到来する点に至るまで剝き出し《デニュデ》になった現在が問題なのである。

この現在という点は「信仰する」べきものでもなければ、「認識する」べきものでもない。それは、こう言い表してよければ、経験する＝感知する［éprouver］べきものであるが、この経験＝感知は単なる感覚でも、感情でもない。経験＝感知とは点そのものを通じて思惟が移行することである。この点は移行なのである。その点はただ単に「ある点」から「他の点」への移行であるのではない。この移行において、ある点は他の点の中に自らの真理を見い出し、かくしてそれ固有の根拠《フォン》に触れる。「生成の意義は、生成の根拠にまで移行していくものの反省であるということであり、最初のものがその中に移行していったところの、一見他者に見えるものが、この最初のものの真理をなすということである[★11]」。ところで、この移行は存在から思惟への移行の典型である。すなわち、実際には、あらゆる移行は思惟への、あるいは意味への移行であり、しかしまた逆に、あらゆる思惟は、物が自らの真理において存在へと移行することなのである。非常に有名な――あまりにも有名な――檞《かしわ》の中にある檞《かしわ》の実の真理に関する一節[☆17]に即してヘーゲルを単純化することで満足してはならない。なぜなら、樹木そのものはなおも移行であるし、落下して粉々になった檞《かしわ》の実、決して発芽しない、分散した単なる粒である檞《かしわ》の実の中にもまた、樹木は真理をもつからだ。

こういうわけで、思惟とは物への浸透であり、物の中への嵌入である。ヘーゲル的な根拠とは基盤《フォンダマン》でも、創設《フォンダシオン》［＝基礎付け］でも、土台でも、基体でもない。それは、ひとがそこに嵌入するところ、ひとがそこに沈浸するところ、根拠を通じて向かうところの根拠である。より明確に言えば、ただ即自的に陥没である限りにおいて、根拠は基礎［＝根拠］付けを行うのだから、この基礎付けは空洞のような状態であるはずだ。したがって、思惟がこのような空洞でないとすれば、思惟は根拠によって把握されないのである。さらに言えば、空洞は確実な土台に達することも、この土台を明るみに出すこともない。この空洞は移行の点を穿《うが》つのであって、この点自体がそのような空洞なのだ。つまり、それは否定的なものの労働である、ただし、表面に直に接している否定的なものの労働である。

それゆえ思惟は、諸物との深い親和性を自ずと顕現する。思惟は言語の表面の最も外側においてこの親和性を戯れさせる。言わば、Dinge（物）とDenken（思惟）は互いに類似しあい、互いに対立しあいながら共鳴するのだ。

> 諸物とそれらについての思惟は即かつ対自的に全く一致するものであり、――われわれの言語が両者の親和性を理解させるように――内在的な諸規定における思惟は諸物の真の本性と唯一つの同じ内容である。★12

★11 同書、第三書、導入部、「概念一般について」［『大論理学 3』、一六頁/Werke 6, S. 246］。

とは言うものの、思惟は自分自身に嵌入するのとは異なった方法で、諸物の中に嵌入するわけではない——これこそが思惟の行為である。自分自身を思惟することのない思惟は未だ思惟ではない。つまりそれは、思惟が思惟としてのあるべき姿ではないということである。一方においては実際に、思惟には対象が、つまり思惟自身が未だ欠けている。しかし他方において、思惟に欠けている——そして主体であるところの——この対象はまさに、思惟をして一個の思惟たらしめるものである。つまりそれは、思惟にとって外在的である作品化（思惟—イマージュ、思惟—感情、思惟—観念）に向けて内容を形態化することではなくて、思惟のものである意味、思惟それ自身である意味を通じての、物への浸透なのである。

*

このような意味の浸透——物の中への意味の、意味の中への物の浸透であるためには、またそのようにして、真正なる思惟、真の思惟であるためには、思惟は、物のもつ諸々の性質を、使用可能な範疇にしたがって表象＝再現前の何らかの統一体にもたらすような、形式的な規則の道具立てであってはならない。ここでもなお、所与は無効なのだ（概念、判断、推論の所与）。

花とは何であるかと問うならば、私は植物学や園芸、美学、象徴体系、さらには神秘主義によって与えられる数々の範疇にしたがって、この「である＝存在 être」[☆18]を予め前提しなければならない。そうなると私は、規定された、その上しかも互いに相容れない多様な「花性」しか獲得しないだろう。そうではなくて、今問題となっているのは、一つの花という実在的なもの、――つまり、それは不可分に私が言うところの「一つの花」であるが――「どんな花束の中にも存在しない、心地好い、理念そのもの」[★13]、そして薔薇やマーガレット、パンジーのように今、ここで存在する花以外には何も前提とせず、何も獲得しないことなのだ。そうするためには、「薔薇は理由なく咲く」[★14]と言うだけでは不十分である。なぜなら、このことはなおも、そしてまさしく一

★12 同書、第一書、序論、「論理学の一般的概念」[『大論理学 上巻の一』、二八頁/Werke 5, S. 38]。[ヘーゲルはここで、ドイツ語の「物 Ding」と「思惟 Denken」の発音が似通っていることを、両者の親近性を表すために利用している。したがって、物と思惟は意味としては「対立しあいながら」、発音上は「共鳴しあう」といわれるのである。ただし、両語には語源的な関係はない。]

★13 マラルメ、彼がどれほどヘーゲル的であったかはよく知られている[「詩の危機」松室三郎訳、『マラルメ全集 ディヴァガシオン他』、筑摩書房、一九八九年、二四二頁参照]。

★14 アンゲルス・シレジウス、ハイデガーが『根拠律』で引用したことが知られている。[アンゲルス・シレジウス Angelus Silesius(一六二四―七七)は、ドイツ・バロック時代の神秘主義的宗教詩人。エピグラム集『ケルビン天使風のさすらい人』(一六七五)、詩集『聖なる魂の喜び』(一六五七)を著した。敬虔主義の詩人たちに多大な影響を与えたが、その後ロマン派が再発見するまで忘れ去られていた。引用箇所の全文は、「薔薇はなぜという理由なしに咲いている。薔薇はただ咲くべくして咲いている。薔薇は自分自身を気にしない、ひとが見ているかどうかも問題にしない」(『シレジウス瞑想詩集・上』植田重雄・加藤智見訳、岩波文庫、九〇頁)。]

個の思惟であるから、（根拠なきものとしての）物の根拠についての思惟であるからである。しかし、物の中に、その根拠の中に、そのものとしてはまだ移行してしまっていない思惟であるからである。

したがって、思惟が物との差異を措定しうるのは、この差異それ自体を、一方から他方の根拠への移行として思惟が措定する——思惟が知り、思惟し、露呈［＝外措定］する——限りにおいてでしかない。詩人や神秘主義者が言表し、顕示するのは何らそれ以外のことではない。だが、哲学はこの言表や顕示をそれらの直接性に委ねないために、こうした言表をさらに言表し、顕示をさらに顕示する。すなわち、哲学は根拠への移行におけるさらなる転回なのだ。それは、（哲学者一般の言説同様に、この言説の中でもそうなのだが）哲学が有する外在性の中で自らを汲み尽くす転回である。ただし、実存の中で与えられるのではなく、実存の中で措定される花を、つまり、無限で具体的なその真理の中に嵌入した花を、思惟の縁で自らを汲み尽くすことで顕示する転回である。

こういった物の具体的な統一に到達しないような思惟は思惟ではないだろう。しかし思惟がこうした統一に至るのは、思惟が直ちに、自らに嵌入するという無限の課題であり、「思惟」からの分離を否定するという無限の課題である限りにおいてでしかない。詩人の命名作用は未だに「不在」の指標である。それゆえ思惟は、——ここでは思惟の存在と具体化、思惟の行為と実践ということであるが——名それ自身が名付け、そこでは名が自らを消し去ってしまう名の彼方、すなわちこの不在の現前であるだろう。思惟は、不在そのものの現前、現実化する否定性、否定性において開花した現実性なのである。

「自我は思惟しながら対象に浸透する」★15 ——これは「頭の中だけの［＝思惟における］」浸透、抽象的で想像的な浸透ではない。これは表象＝再現前された浸透でもない、表象されると、浸透は浸透するものの手前に留まり、その所産のままになってしまう。浸透するもの自身が浸透されているのだ。なぜなら、思惟は存在そのものの思惟であり、「私のもの」ではないからだ。思惟が「私のもの」であるとしても、私の思惟は偶然的なものであり、その他者の中へと移行していく。しかし、思惟が「私」というこの外在的な形式をもつとしても、思惟は、規定された即自に浸透する、つまり即自をその真理である関係の中に入りこませる対自の（純粋な自己関係の）普遍者である。しかしこうして、即自が即自的に［＝自己に］浸透する。

このように定式化すると、これは何か自己の許への回帰のように、普遍的精神のオデュッセイアのように見えるかもしれないが、それは以下のことによって直ちに打ち消されなければならない。つまり一方において、回帰は実存の根拠や空洞以外の場所ではなされることがなく、他方において、ユリシーズ、つまり、主体の単一的で実体的な形象などありえないのである。そうではなくて、即自的に［＝自己に］浸透を行なうものはその度毎に他者であり、この他者との関係な

★15『大論理学』、第三書、導入部、「概念一般について」［『大論理学 3』、二六頁/Werke 6, S. 255］。

のである。

ヘーゲルが特権化した形式はもちろん円環の形式だが、この円環は「諸々の円環から成る一つの円環」である。これは同一的なものに還帰する同じものの単純な配置ではなく、むしろあらゆる円環の根拠、つまり転回する点の純粋な運動――「否定性とは概念の運動の転回点である」[★16]――であり、同時に、何ものをも休止させてはおかない絶えざる運動である。点と運動は確かに同じものであるが、それはただ、この「同じもの性［mêmete］」が無限の関係とは別の同一性をもたない限りにおいてである。円環に属する様々な点の距離の等しさはそれらの点の個別＝特異的なざわめきの同等性であり、この中心はそれらの点に共通の眩暈なのである。

論理 *Logique*

意味あるいは真理の純粋な境位《エレメント》、ヘーゲルがその活動性の観点からは「概念」ないし「把握」と呼び、その呈示＝現前化の観点からは「理念」と呼ぶこの境位は、「精神」の境位である。この境位は無限の関係そのもの、つまりあらゆる実在性の、他者のうちへの自己からの外出を示す。こうした「精神の生」は何ら分離されたものでもなければ、物質性の上方や物質性の彼岸で漂うような精神性でもない。それはそれ自体で［＝即自的に］現実性の世界の外にあるものと見なされたままである限りでは、何ものでもないか――あるいは単純な抽象であるにすぎない。この生は精神の息吹であるが、しかしこの息吹は非物質性ではない。むしろ逆に、これは物質が物質自身に直に接して生じる震えであり、この息吹は、感じたり、感じられたり、自らを感じたりする限りで感性的なものである。この息吹は世界の不安と目覚めを、つまり自分自身の内にありながら、しかもその外へと常に既に広げられ、伸長され、拡張された内在性を示す。これこそが空間

★16　同書、第三書、最終章、「絶対的理念」［同書、三六七頁／*Ibid.*, S. 563］。

と時間であり、既にあらゆる措定の露呈［＝外―措定］としての空間と時間なのである。

精神は何ら分離されたものではない。物質でも、自然でも、物体［＝身体］でも、偶然事でも、出来事でもない。というのも精神はそれ自身が分離作用以外の何ものでもないからである。精神は関係の開けとしての分離である。このことはまた、既に与えられている諸々の個別性＝特異性に事後的に関係が出来するということではなく、逆に、諸々の個別性＝特異性の贈与と関係の贈与とがただ一つの同じ贈与であるということを意味する。

いかなる所与の統一も、自己によって存立する単純な統一である限り、結局一つの所与にすぎない。つまり、一派生物、一つの放置されたもの、一契機であるにすぎず、関係を与える運動においで、またそこにおいて関係が自らを与えるところの運動において、あらゆる瞬間と同様に不安定なものである。精神の統一はしたがって、こうした無限の運動の統一であり、こうした統一はそれゆえ決して単一性ではない。つまり、この統一は他者なしには進行しないような一者の統一、またさらには他者へと進んで行く一者の、ひとえに他者に向かっていく＝と合致する[aller à]ことである一者の統一である。他者自身も今度は、同時に、さらなる他者へと向かう「一者」である。この「同時に［en même temps］」とはいわば、諸々の一者と他者との差異である時間の同じもの性［mêmeté］において、ということである。

思惟はそれゆえ何ら分離されたものではない。というのも、こうした「精神の生」を「思惟すること」は関係を現実化することだからである。なるほど、そのものとしての思惟は同等性を表象する、あるいはむしろ、同等性そのもの、つまり関係が含意する一致を措定する。私は、このものはあのもの（と同等）であると考える。そうすると真理はいつも、「透明で単純な静止[★17]」における関係の解消のように見えざるをえない。しかし、これは思惟の一側面でしかない。つまり、思惟が思惟の前で、そして我々の前で真理を保持しなければならない限りにおいて、思惟の超然としたあり方に一致する一側面にすぎないのである。それは、確証と無感動、完成された支配という外観を思惟に与えるものである。しかしながら、関係の解消は関係の運動、関係の活動性、関係の生命以外の何ものでもあり得ない。つまり、関係が存在することではなく、関係が進行すること、出来すること、移行することである。このものはあのものであると真に思惟するためには、私の思惟は一者から他者へと移行しなければならない。こうした見方からすると「半透明で単純な静止」はまた「誰もが酔わずにいられないバッカス祭の熱狂[★18]」でもある。思惟の確証はその不安と不可分なのだ。その不安、酩酊としての不安は、苦悩であると同時に高揚、関係の危険であると同時にその跳躍なのである。

思惟の確証——自己確信——は仮面のように不安の上に措定されているわけでもなければ、また、平穏として出来するわけでもない。思惟の確証と不安はヤヌスの二つの顔のようにあるわけ

★17『精神現象学』、序文［『精神現象学（上）』、六四頁/Werke 3, S. 46］。

★18 同箇所［同箇所/*Ibid.*］。

でもない。だからそれらを二つの「側面」として語ることは不正確である。思惟が確信しているものはそれ自身の不安であり、思惟が不安を覚えるものはそれ自身の確信なのである。

実際に思惟が同等性の措定であり、物の自己との同等性として措定されているとしても、思惟は自己に［＝即自に］とどまる同等性、つまり、「A＝A」あるいは「私＝私」という平穏な言表ではあり得ない。こうした同等性そのものは直ちに、この普遍的な同等性の直中にある、比較不能で絶対的に不等なあらゆる個別性＝特異性そのものの露呈を否応なく、力強く呼び起こすはずである。それゆえ思惟は自己を即自にとどめる同等性ではなく、同等性そのもの、つまり、その普遍性のゆえに自己から外出する同等性なのである。かくして論理とは、その最も原理的な段階以来、つまりその原初的で最も貧困な抽象からして既に、自己自身との同一性を引き剝がすこと、同一性の脱臼、同一性の変転であり――それゆえ、同一的なものがどのようにして自らと同一化するのかについての厳密な思惟以外の何ものでもないのである。

こうした論理に何ら非論理的なところはない。それは気違いじみた、倒錯した、曲芸的な論理などではない。「論理［学］」の名の下にヘーゲルは哲学のロゴスを絶え間なく作り出すもの――つまり一切の論理的なものを生み出しているものを再び把握するのである。つまり、ロゴスが意味しているのは、いかなる同一性も所与ではなく、いかなる統一も任意に使用可能ではないということ、そうではなく、同一性と統一は常にその単純性そのものとその絶対性において、自己を同一化し自己を統一する運動であるということである。ロゴスとはあらゆる「所与」を「為すること」、つまりその「与えること」を、より正確に言えば、あらゆる「所与」が「自己自身を与えること」を指し示している。したがって、ロゴスが指し示す同一的なものは、実体としてのそれでなく、行為としてのそれである。その行為は自らと同等化することによって、自らを自己と不等にする同等性の活動である。（「自らと同等化することによって」と言うべきであって、「自らと同等化するために」と言うべきではないであろう。というのも同等性は前方に定められた目標ではないからである。同等性は同一性の運動、同一性の同一化作用なのである）。もしA＝Aであるなら、それはつまりAは自らを自己とは他なるものとして措定するということである。そして、それこそまさしく「私＝私」を露呈するものなのである。ロゴスは主体である、という文句が意味するのは、同一性の無限の露呈を露呈するということである。

こうして思惟は、自己から外へと出てゆき、物の不等性の内へと歩み入ろうとする同等性であるということになろう。物に浸透する同等性は自身の同等性を自らに作り出すだろうが、そのように自分のものとなったところで、同等性は、一切の他なるものから区別された個別＝特異的な同一性のままであり、どんな同一性とも同一である同一性のままであるだろう。つまり同等性は、この〈自らを同一的にすること〉によって震えさせられ、かき乱され、動かされ、感動させられたままであるだろう。

物の内に浸透した、そして物に浸透された思惟は分離された思惟として消滅する。しかしそれでも思惟の消滅は思惟の保持なのである。というのも、思惟がまさしくそれであるところのものとは、分離であり――そして関係であるからである。今や分離は物の措定された現前、つまりは物の他性である。思惟が措定するものとは他性一般なのだ。つまりそれは他者としての点、石、光あるいは人格、さらにはそれぞれ、この点、この石、この光、この人格である。区別なきものなど存在しない。だから、思惟は絶対的な区別の措定である。ヘーゲルの世界は、いかなる普遍性も存立せず、ただ諸々の個別性＝特異性だけが、しかも無限に存立する世界なのである。

これは普遍性でも特殊性でもない。というのも「特殊」は依然として、普遍との外的な関係にあり、自分自身に対し依然として外在的であり、それゆえそれ自身また、一つの特殊として措定された有限者――こうして諸々の特殊的利害関心と普遍的利害関心★19との関係にある有限者でしかないからである。それに対し、個別＝特異は即かつ対自的に無限な有限者であり、それにとっては分離された普遍性《ユニヴェルサリテ》がありえない。もし私が「ソクラテスは人間である」と言うならば、私はソクラテスを人間という類の特殊な一事例と見なしていることになる。しかし、ソクラテスという個別＝特異は一事例ではない。つまり、それは彼でありそれ以外のいかなるものでもない。もし事例だと言いたければ、それは絶対的な事例であって、絶対者一般はただ絶対的な諸事例だけから、そしてこれら全ての絶対的な関係だけからなるのである。

しかし、個別性＝特異性は存立し続けることはない。つまり、個別性＝特異性の基体的存立はその生起、つまりはその点性と、ひいてはその否定性と同一である。区別を措定し、区別を同一化するもの、それは分離である。思惟は物に浸透し、そして分離で物を浸食する。つまり、その浸透は空洞を刳り抜くことなのだ。思惟された物とは、無意義な存在の内で、単純で凝縮した密着状態において、空洞を穿《うが》たれた空虚な物である。花は花として咲くのだが、それはただ思惟として、思惟に浸透されたものとして咲くのである。ただし、こうした開花は自分のものとなった否定性の開花である。

こうした思惟が思惟するもの、それは物の直中における絶対者の開花である。ただし、こうした花にまつわる定式のせいで考え違いをしてはならない。ヘーゲルは「現在という十字架における薔薇[★20]」と言っているのであって、現在とは自己からの分割であり、そのような分割こそが現在の開花である。現前の代わりに不在を置くことや、実在的な現前を深淵に沈め込むことはもはや問題ではない——そうなると、深淵も結局は、えもいわれぬような、恐ろしい超-現前でしかなくなるだろう。肝要なのは、意味の薔薇園の安易な恩寵に身を委ねず、耳を聾さんばかりの無化の魅惑に身を委ねないことである。純粋に現前する現前でもなければ（そうなると消滅することになるだろう）、純粋に不在の不在でもなく（そうすると自らを不可避的に措定することになるだろう）、現前化の絶対者が重要なのである。

★19 例えば『エンチュクロペディー』、第一六三から一六四節および第四三四節［『小論理学』、一一三頁以下および『精神哲学』、第五八節、五四頁/Werke 8, S. 311ff., Werke 10, S. 224］。

★20 『法の哲学』、序文［一七二頁/Werke 7, S. 26］。

＊

絶対者の思惟としての思惟は、カントの後を継ぐもの以外の何ものでもない。カントによって、理性は無制約者への要求と見なされた。より正確に言えば、それは無制約者への無制約な要求である。哲学はこうした要求の遵守及び実行となったのである。この無制約者への無制約な要求については譲歩しないこと、それが全てのカントの後継者たちによって繰り返され、止揚されたカントの思惟である。ヘーゲルはこのカントの思惟を再び締め直し、張り詰めさせたところでこれを切断する。ヘーゲルは、そこにおいて被制約者の規定が保留されているあらゆる堅固さを損なわせ、引き裂くまで、カントの思惟を先鋭化するのである。

自らを内在的なものとして知っている世界は、同時に、無制約的に自己説明する［＝自己の理由を表明する］べきものとして自らを知っている世界である。カントはこうした必然性を当為存在［＝べき］の秩序において維持する。そこにおいて、世界の理性は自分自身から無限に隔てられている。だからこそ、カントにとって世界の理性［＝理由］は［無制約者への］期待として再び形成され、このような期待において、充足への無限の接近を要請し得るのである。これとは逆にヘーゲルが措定するのは、こうした「当為」そのものが、つまり当為についての、あるいはその隔たりとその無限性についての唯一の「思惟」が、時間を開き実体を分割することによって、自分自身から主体を既に生起させたということである。

これは、もはやなす「べき」ことは何も存在せず、全ては成就されているということではない。無制約者は単に制限もなく遙か遠くへと目標を定められた項ではもはやなく、既にその絶対的な要求[19]から湧き出る輝きの中にある。絶対者が既に現にそこに存在するということ、そして絶対者は自らが既に現にそこに存在するものであることを知っているということ、このことは後天的に獲得される意味の充足でもなければ、意味の原始的蓄積[20]でもない。こうしたことが意味しているのはただ、真理の要求がそれ自身真であるということであるが、ただし当然のことながら、こうした要求には過剰なところ、無限なところがあること、つまり、こうした要求が主体を自己の外に置くということが含意されている。無制約者あるいは絶対者は決して、代補的で、義務を超過した、ましてや常軌を逸した次元というわけではない。そうだとすると「目的の王国[21]」という理想（あるいは後にいわれるであろうように「価値の地平[22]」）は、絶え間なくより遠くへと引き延ばされ、絶え間なく転位されて、遠ざかるにまかせるのが適当だということになるだろう。なるほど、絶対者は常軌を逸している。しかし、絶対者は直ちに、今、ここで常軌を逸しているのであり、現在を開き、空間と時間を開き、世界と「私」を開き、さらには実存をその不安な要求へと投げ込むのである。

こうした無制約者の侵入について思惟しないということは思惟を正当に評価しないということである。それは思惟をそれ自身の手前に——つまり、思惟が措定する絶対的な尊厳と、思惟が要求する同じように絶対的な自由の手前に引き留めることである。

それゆえ、物の浸透とはこうした要求を通じた存在の浸透を意味するのだが、しかし所与の秩序を変容させないまま横断する、十分に志向された跳躍としてではない。そうした跳躍は跳躍することによって、つまり、現実的な世界とは疎遠である崇高なる上昇作用において、宙吊りにされたままとなるだろう。思惟の浸透は横断する行為ではなく、具体化そのものの具体的な空洞化なのである。カントは要求に関して譲歩することがなかったが、ヘーゲルはその現実性について——すなわち要求の現実化に関して譲歩することがない。とはいうものの、こうした無制約者の現実化は決して何らかの所与において、絶対者の何らかの「形象」においては表象され得ない。しかしまた、表象され得ないものは、さらに遠く理念的な天上界のうちへと逃れていくようなものでもない。逆に、それは現実性の核心に自己を穿《うが》つ点なのである。

その浸透において、思惟は無限な分離と関係を、それらがあたかも「単に一つの思惟」ないし「単に一つの要求」であるかのように開くだけにはとどまらない。そうではなく、思惟はこうした分離や関係への意志となるのであり、つまりは規定された具体性への欲求、諸々の他者との関係という労働への欲求となるのである。

現在 *Présent*

カントの言葉を用いて、次のように言い立てることは容易《たやす》いように思われよう。つまり、批判が、ひとえに無制約者への要求を尊重するために、理性の理念と経験の対象という二つの秩序を慎重に区別したのに、ヘーゲルは、旧来の形而上学と同様、両者を新たに混同している、と。しかしながらその場合は、カント自身が、崇高な〈理念〉や自由の〈理念〉（つまり、そのものとしての対自的な理性）が経験の内へと出来すると主張することができた——主張せざるをえなかったことを忘れているのだろう。[★21] すなわち、カント自身が、仮にも曖昧で謎めいた方法によってとはいえ、絶対者という単純な望ましい一貫性ではなく、その絶対者の条件そのもの、つまり、その現実性であるところのものに正当性を認めないわけにはいかなかったのだ。自由は、カント

★21 『判断力批判』、第六八節〔篠田英雄訳『判断力批判（下）』、岩波文庫、一九六四年、四八頁以下／*Immanuel Kant, Kritik der Urteilskraft,* Kant's gesammelte Schriften. Akademieausgabe, Bd. 5, 1913, S. 381ff.〕。

自身が熟知していたように、何らかの願望でも、形式的な使用可能性でもない。自由とは世界の現実性の中への、この現実性の現実的な侵入である。したがって、ヘーゲルはカントが要求していることを思惟しようとするのである。

そうすると他方で、ヘーゲルの言葉を用いて、次のように言い立てるのも同様に容易《たやす》いことのように思われるかもしれない。つまり、ヘーゲルは行為［＝現勢態］における無限者を、ここで今現実的な無限者を措定するのに、カントは「悪無限」に留まっていた、と。しかしながらその場合は、ヘーゲルがこうした行為を所与として考え、措定していたとどまっていたと仮定することになろう（当惑させるほどの粗雑さでもって、ヘーゲルは世界の終わりを指摘していたなどと主張される場合のように）[☆23]。しかし、無限者の行為［＝現勢態］とは所与のもの以外のすべてである。むしろこの行為によってこそ所与は与えられる。それは単に所与にとっての可能性の条件であるだけではなく、その現実性の条件でもある。つまり、所与の贈与そのもの、すなわちその顕現の贈与、実存へのその到来の贈与なのである。したがって、思惟は所与に対して、単に理解可能性の外的諸条件にその所与を服させようと努めるだけではない。思惟は、その所与を与えながらも、それ自身は何ら所与ではないものによって所与へと浸透しようとするのであり、これがすなわち、所与の贈与、生起、創造の否定性なのである。

こういうわけで、現実性における絶対者というヘーゲルの思惟は、無制約者という与えられた相貌、その形式、その支配力をここで今示そうとする「全体主義的」妄想とは全く反対であるのだから、この思惟は、否定性を具体的なものの開けそのものとして、つまりその具体的な開けとして、そして世界が真の世界であるゆえんの分離と関係との再統一として、堅固に保持するという厳格な規律の内に余すところなく寄せ集められ、根強く嵌入しているのである。

この見方からすれば、哲学は、この世界そのもの以外のところから手にするような意味や真理をもたらしはしない。哲学は、少なくとも第一には、もっぱら有限者を有限なものとして露呈し、——あらゆる「生の形式」の無限な有限性を露呈するにとどまる。そのようなわけで、哲学者は老いゆく世界という「灰色の上に灰色を塗る」[★22]のである。このことは、ヘーゲルが自分の時代に、そのような老いてゆく世界、そして変容の到来を経験したというだけではない。これはつまり、思惟は決して新たなものを予言し予描するべきではないということである——というのも、そのような新しさは常に絶対者それ自身の新しさであるから、新しさとなるであろうからである。このように予言するならば、予めこの新しさを所与へと還元し、未来を現在に——したがって直ちに過去に——してしまうことになるだろう。

しかし、哲学は未来について予言することもなければ、過去を事後的な意義付けの内で秩序付けることもない。哲学は「遅れて」到来することによって、それ自身目的＝終末として自らを理

★22『法の哲学』、序文（「ミネルヴァの梟は、黄昏に飛び立つ」という文は、同じテクストの内にあり、同じことを意味している）［一七四頁/Werke 7, S. 28］。

解する目的＝終末として到来する。つまり、「生の形式」の、それ固有の真理を通じた浸透、すなわち他の生の形式へのその移行と開けを通じた浸透として理解されるような目的＝終末として到来するのである。もう一度言えば、他の生の形式が最初のものの真理を保持しておき、そのようにしてなおも再び最初のものが繰り延べられるということではない。そうではなく、真理とは形式の完成であると同時に、形式が自分自身に行なう証言である。それは同様に、一つの完成が、自らを露呈し移行することによって、意味の、つまり意味の贈与の、無限の使用可能性を新たに露呈するということの把握なのであって、こうして意味の贈与が現実化されるのである。

例えばヘーゲルが、もはや失われた、意味の十全性に達していたような諸形式への（例えば「良きギリシャ都市」への郷愁《ノスタルジー》を（彼の時代全体がそうであったように）感じているように思われるにしても、そして彼が「人倫の理念」と共同体という完成された形式の誕生を、（立憲君主制という有機的国家でもって）歓迎しているように思われるにしても、――彼のもとにも確実に存在するこの二つの見かけ、同時になされる二つの傾向ないし態度を、純粋な二つの定立《テーゼ》として並存させなければならないとすれば、両立不可能であるということは言うまでもないのだが――、にもかかわらずこうしたことすべてから、真の掛金が喪失の情念《パトス》の内にも創設の情念《パトス》の内にもないことが示される。両者のロマン主義――過去へのロマン主義と未来へのロマン主義――は、外在的に、いわば時代の特徴線として、現在がそのあるがままの姿として、成就という黄昏と生起という切迫の間に開かれた不安として啓示されるという哲学の厳格な要求を縁取っているにすぎない。

なるほどヘーゲルは、自分の時代が、そのような現在［présent］という時代——現在のそのような呈示＝現前化［présentation du présent］、その不安定性、その裂開、そしてその移行の時代であることを見抜いている。世界の灰色に重ねられた概念の灰色は、世界が自らに与えた色彩豊かな諸形象が終わるとともに、形象の全き恒常性の彼方で自らを、それ自身で思惟するという課題が、実存に再び課せられていることを明らかにする。しかしこのようにして、現代［le temps présent］——ヘーゲルの時代は我々の時代であり、我々の時代がおそらくはヘーゲルの時代を成就させる——は、いかなる突出した形象をも打ち建てない。それは時間の外にある神格化や、絶対者の再臨の時代ではない。現在の時代［＝現代］はそれぞれの時間が自分自身に対してそうであるところのもの、つまり自分の移行の把握である。これは自己の肯定［＝確立］と他者の不安を同時に意味する。

いくつもある時代のうちの一つがそのものとして自らを措定し自らを思惟するということ、この時代がそのように自らを措定し自らを思惟するのは、ヘーゲルとともに、哲学の時代としてであるということ、このことは哲学の時代を別の時代よりも例外的なものとするわけではない——そしてとりわけ、このことは哲学の時代を終末的なものにも、根源的なものにもするわけではない。このことが意味するのは、この形式——自己の不安な把握の形式にしてそれ自身に対して措定された否定性の形式——もまた、一つの契機＝瞬間として生起するということである。「哲学」

という語において、また「哲学」という思惟において、ヘーゲルは自己へと還帰する精神の絶対的反復——永劫回帰——と、依然として概念でしかない概念の規定、灰色の思惟、依然として単に「哲学」でしかない思惟の規定を同時に把握しているのである。[★23] しかしこの規定はその上、精神が新たに他のものへと移行して、他の規定の外から自己へと還帰するという要求にますます開かれるものでもある。

現在の瞬間＝契機に関していえば、この瞬間＝契機は、他のものとして、他のものの内へと移行するあらゆる契機でありそして同時に、自らを瞬間＝契機として把握する瞬間＝契機、つまり端的な空洞化として、否定性の行為として一瞬、垣間見られるがままになる歴史の赤裸々な開けとして自らを把握する瞬間＝契機である。これはそのものとして思惟された絶対者の瞬間＝契機である。紐帯を断つこと［＝放免 absolution[☆24]］として、つまりは結び付きの解け、離脱、赤裸々にすることとして思惟された絶対者であって、絶対化［absolutisation］として思惟された絶対者ではない。それは分離と関係との放免［absolution］である。すべてが分離されていると同時にすべては関係付けられており、すべてが分離されてのみあるのと同時に関係付けられてのみある。ヘーゲルが「歴史」と呼んだものはまさしくこの放免なのだが、この放免のために、ヘーゲルの時代を成就させる我々の時代＝現代は、別の諸概念、例えば「技術」の概念を（そしておそらくは既に、この語の彼方に、必然的に未知なる、さらに別の一形式の解放を）自らに提示するのである。

したがって思惟に要求されているのは、次のこと以外の何ものでもない。つまり、現在の内への絶対者の書き込みに関しては何ら譲歩しないこと、何であれ（過去であれ、現在であれ、未来であれ）ある現在の絶対化に何ものをも調和させないことである。ヘーゲルによって、哲学は〈全体〉の表象＝再現前や、全体の基礎付けを企てることを止め、あらゆるものにおいて自らを開く関係の全体性、ただしその都度、ここで今、自らを開く関係の全体性を自分自身のために開くという課題を担うのである。

＊

ここで今、関係の全体性は同等なものとして——無において自らを表象＝再現前する。世界は端的に自分自身と同等であるのだが、この同等性において世界が見い出すのは自らの不等性と外在性ばかりである。かつて、世界における不等性は世俗世界と神の国との不等性に等しかった。今日、世界は自分自身と、したがって自分固有の不等性と等しいのであって、この不等性は互いに一面的な利害関心と主体性の暴力として自らを露呈している。至る所で自分自身と同等であり

★23　この点では、『美学講義』の中の、概念の時代、「生を奪われた」時代としての現代に関する部分を余すところなく読み、また、詩の感性的な豊かさと「思惟しか生み出さない思惟」がどのように対立しているのかを読み取る必要がある。

ながら、抽象的主体は、諸々の具体的主体が搾取され、飢え、苦悩し、恐れる状態を観想する。抽象的主体は無力であるだけでなく、取るに足らぬ無限性としての世界の不幸に、まさしく自らの抽象的で空しい同等性の無力さを対置させるのである――そしてこの「主体」という名称そのものが、主体自身の消失を表す名称、空しい切望や空疎なざわめきの名称となってしまい、そこでは「精神」における最後の一息から残り得たものもやはり息絶えてしまう。精神に代わって、しかし精神の最後の真理として、世界は現実性として、絶滅の責任として、自己自身を破壊する威力として自らを知るのである。

ヘーゲルの最も有名な文章は次のものである。

死を恐れはばかり、荒廃から純粋なままわが身を守ろうとするような生ではなく、死を耐え、死のうちで自らを維持する生こそが、精神の生である。精神が自分の真理を獲得するのは、精神が絶対的裂開のうちに自分自身を見い出すことによってのみである。★24

ヘーゲル以来、自分たちの使命は、精神の純粋な生を確保するために、何百万もの人間たちの死を堪え忍ぶことであると考える人々がいた――そして同様に、人間の別の集団が貧困に陥り、排除されることで、歴史と知の――そして結局のところ、資本の集中の――高みにある唯一の生が現実化されると（言説においてではなく行為において）考える一部の人々がいた。

ある意味で、すべてはあたかもヘーゲルの言うとおりに世界精神が実行されたかのようであり――そして事実、そこでは、世界精神が自分自身の死という生のみを見い出したかのようである。この点に関して、我々はマルクスとともに、宗教による慰め――例えそれらが［世界の］荒廃を強化しないとしても――のうちにも、法的主体の抽象化のうちにも答えがないことを知っている。なるほどマルクスが考えたのもまた、ヘーゲルの精神の現実性とその実践とに他ならなかった。しかし我々はまたマルクスについて、何が或る形象の絶対化と渾然一体となってしまったのかも知っている。

したがって、一方で、ヘーゲルのこの文章――彼の思想全体――は、無用で危険な一つの情念《パトス》であることになるが、しかしそのとき、あらゆる思惟の無力さ以外に何ものも思惟すべきものは残らない。というのも、この文はヘーゲルの思想を凝縮しているだけではないからである。意味と真理が所与として思惟に呈示されなくなってから、即かつ対自的な思惟について何が問題であるのかを、この文章は言い表している。この思惟が空疎だとすれば、そのとき残るのは無制約なものと理性そのものの断念だけである。つまり残るのは、ニヒリズムを変調する愛想のよい様々な仕方なのである。

他方で――そして他の可能性はないのだが――、なお残されているのは、この思惟を再び思惟

★24『精神現象学』、序文［『精神現象学（上）』、四九頁/Werke 3, S. 36］。

すること、この思惟に嵌入することである。規定され与えられた思惟の内にではなく、意味と真理との開けそのものの内に嵌入すること、したがって思惟の彼方で思惟の内へと進んでいくことである。真の思惟はすべて、ヘーゲル以来、彼と共に、彼に反して、彼の彼方でこのことを行ってきた。

（この二者択一《オルタナティブ》は抽象的に決断されるものではあり得ない。ヘーゲルにしろ他の者にしろ、誰も「真の思惟」とは何かを論証することはできないだろう。真の思惟とはそれ自身、そのような思惟に向かっての決断に関わる事柄である。）

少なくとも、まずは、死における生に関するこの文章が、それが一つの文章、一つの命題である限りで、「精神」と、それがそこで「自らを見い出す」「裂開」をなおも相互に隔てられたままにしていることが考えられるだろう。文章としては、それは未だ——あるいは既にもはや——自分が言い表すことについての思惟ではない。しかしこの文章が言い表しているのはまさしく次のことである。つまり、精神が「死」の内で「自らを見い出す」とすれば、それは死が精神の前にあるのでも、精神の外にあるのでもなく、他者の死としてあるのでもなく、また、自己の意味を単に外部から停止するように自己の外にとどまる自己の死としてあるわけでもないということである。精神は、他の所与として死を眼差し、堪え忍ぶような所与ではない——だからこの意味において、ヘーゲルの著作を字義通りに辿ったとしても、連なる死と無化を自分自身の意味の見世物《スペクタクル》として冷静に観想するような世界精神などは存在しないのである。精神は自分自身の目的＝

終末――自分自身が絶対的に引き裂かれた状態――を自分自身の前に、対象や表象、当為、理想、あるいは不条理な偶然として持つような有限者ではまったくない。なるほど精神は、自分を規定して、「死」、「世界」、「物」、そしてまた「私自身」と言うことが可能で、言わざるをえない限りでは、この目的＝終末を自分の前に対象としてもつ。しかしそう言いつつも、そしてそう言うがゆえに精神は、他の〈現にそこにある―物［la chose-là］〉に直面する、一つの〈現にそこにある―物〉としては、自らの真理を持たないということを措定するのである。

いかにして精神は、その有限性を露呈［＝外―措定］しながら、自らを無限者として見い出す有限者であるのか、これこそ思惟すべきことである――つまりこれこそ「思惟する」ということなのである。

意味の真理が否定的なものの不安の肯定性であるのはいかにしてか。つまり、断念することも逃避することもなく、即自的なその執着、その実践にして自分の存在へのコナトゥス［*conatus*］であるのはいかにしてか。

顕現 *Manifestation*

哲学は、もう一つ余分の表象であるというわけでもなければ、もう一つ余分の知であるというわけでもない。哲学は、あたかも他のものを越えた――具体的、あるいは理念的な――ものであるかのような、諸原理や諸目的＝終末についての一つの知ではない。哲学はまた諸々の知、つまり他の知識や他の価値評価に従わなければならないような諸々の知（科学、技術、芸術、信仰、感覚、感情といった最も広い意味において）についての反省でもない。このような他の知識や他の価値評価はやはり、結局のところ、諸々の知と同じ位階にあるものにすぎず、だからさらに、より高次な、もしくはより深遠な別の価値判定を要求することになるだろう。哲学は「高次」のものでも「深遠な」ものでもない。つまり、哲学は諸々の事柄や世界、人間の高さに厳密にとどまり、下方からも上方からも、そうした諸々の知についていかなる「視点［point de vue］」をも手に入れないのである。一般的にいえば、哲学の本義は視点を手にいれないことの内に――つまり、もし人が事柄の内に浸透したり、事柄を把握したりするときに、視［vue］がもはや存在しないとすれば、一つの「視」でさえないということの内にあるのである。

しかし、ここで問われている事柄は〈現にそこにある—物〉、すなわち自己のうちに孤立し、閉ざされ、放置された物、つまり純粋で単純な存在ではない。実際には、我々が石であると表象するような物、つまり「存在」の純粋な理念などというものは、それ自身派生的な所与にすぎない。そうした物はある操作によって、産出され、放置されてしまっているからである。たとえ石あるいは存在が常に現にそこにあったのだとしても、まさしくこの〈常に現にそこにあったということ［*avoir toujours été là*］〉が、自明であるわけではない［ne va pas de soi］のである。さらに正確に言えば、自明であること［＝自己から進展すること il va de soi］、それは何らかの仕方で進展する［*va*］ということ、自己を起点として進展し、自己から外出し、自らを自分自身から与えるということである。これは単なる存在ではなく、その到来、あるいはその生である。ヘーゲルはこれを、「物理的あるいは精神的な生動性の事実［*fait*］[★25][☆25]」と名付ける。そして、この事実は思惟が浸透する「事柄そのもの」、哲学が把握する「事柄そのもの」である。[☆26]

こうした事実は、もしそれが最初のものであったとしても、任意の所与という事実ではない（Faktum はここで、「所与」や「単純な事実」を意味する他のドイツ語の単語からは区別されている）。なるほど、事実は原初的である。しかし、それが原初的であるのは、原初的であるも

★25『エンチュクロペディー』第二版、序文（このあたりの全ての記述は、おおよそ特にこのテクストに依拠している）［『小論理学（上）』、二八頁/Werke 8, S. 17］。

の、つまり根源的であるものがいかなる実在的なものでもあり得ず、実在そのものを為すこと[le faire]――その「自己を自らと為すこと[se faire de soi]」であり得る限りにおいてである。或る「自己を自らと為すこと」は直ちに与えられている。そして、まさしくそれは所与ではない。これは〈在れ！[*fiat*]〉[☆27]であり、創造であると言ってもいいだろう。次のように言うのが正確だろう。ヘーゲルは、スピノザやカントに続いて、いかなる創造者も、もはや所与ではなく、発見され得なくなって以来、ひとえに世界の創造に関わる問題のみを思惟している、と。Faktumとは事柄が自らを与えることである。こうした事実は絶対的であり、乗り越えがたいものであり、もはやこうした事実を無視するか、あるいはそうした事実のうちに浸透するしかない。まさにここで哲学するという決断が賭けられているのである。

　事柄が自らを与えるということ、それは「生動性」である。これは有機体的生命でもなければ、何らかの賦活でもない。生動性とは自らを自己の外に運ぶという性格のことである。事柄は自らを与え、自らを自己の外へと運び、自らを顕現する。「現象」は単なる見せかけではない。というよりもそれは自己の生き生きとした移送であり、顕現された実存における跳躍である。自らを顕現する現象は関係の内にある。それは自らを個別化＝特異化する。あらゆる物＝事柄は個別＝特異的であり、同様に全体性も個別＝特異的である。つまり、全体性は顕現そのものの個別性＝特異性なのである。顕現の、あるいは世界の個別性＝特異性、それはこの個別性＝特異性が自分自身以外のいかなるところにも自らを顕現せず、あるいは無においてしか自らを顕現しないということである。顕現は無から、無の中で生起する。顕現されたものは或るものであり、あらゆる物＝事柄は顕現されたものである。しかし、顕現そのものとはさらに異なった「顕現するもの［＝顕現の主体］」は存在しない。また顕現を傍観する者も存在しないのである。自らの知を伴った自我、私もまた同様に顕現の内にあり、私は顕現しており、私は私でこの知を顕現させるのである。顕現はそれゆえ自分自身の顕現であるか、あるいは何ものの顕現でもない［＝無の顕現］かであり、自分自身の顕現であり、そして無の顕現なのである。

まさにこの意味において、真理は――これはつまりFaktumの真理、あるいは真理として把握されたFaktumそのものでしかあり得ないのだが――、顕現されたものの感性的および知性的な理解のあらゆるあり方の彼方にある。真理が彼方にあるのは、他のものとしてではなく、その物の非―物、存在の非―存在としてである。物＝事柄に浸透するということ、それはその物＝事柄の顕現に浸透することであり、Faktumに浸透することであり、したがって否定的なものそのものに、創造者なき創造の虚無に浸透することである。

いかなる覚知も既にそれ自身においてそのような浸透である。最も素朴な知でさえも、物＝事柄に対面していることを意識することなく★26、自らが事柄そのものの内にあり、それと同一であると信じるならば、最も思弁的なものとして振る舞うことができる。つまりそうして、感じること

★26 同書、第二七節［同書、一三五頁/*Ibid.*, S. 93］。

が単に感じられる物＝事柄――バラの匂いや壁面の黄――への生成であるならば。

感性とは顕現の自己との関係以外の何ものでもなく、感性的でないような顕現というものなどない。したがって、いかなる真理も感性的なものの内にあるのだが、しかしそれは否定性としてである。感性的な表象はそれ自身で、その真理がそれ自身「の内に」ありながらもそれ自身「の外に」あることを指し示す。こうしたことこそ、「感じる」「感じられる」ということであり、このことはすなわち、何らかの感じるという行為が、何らかの意識や表象、知が世界の内にあるということを意味している。知が世界へと到来するのは世界そのものからでしかない――つまり、事柄＝物の顕現という否定性、物の「自己の＝からの到来」という否定性と事柄＝物が関係することによってでしかないのである。

感性的表象は対他存在である。この表象がそれ自身で指し示すのは、この対他存在が即かつ対自的存在という真理の運動であるということである。感性的表象は自己の否定性としての関係、あるいは関係の否定性としての自己を指し示している。つまり、真の存在はその単純な自己―存在を否定するのである。

否定性に浸透するということは、表象の言語《ラング》とは違う「他なる言語」を要求する。表象の言語とは分離の言語である。つまり概念や、命題そしてその繋辞といった固定性の言語である。この言語は、全く単純に言って、それとは違う他の言語が存在するのではなく――いくつかのもろもろのそうした言語しか存在しないような言語である。他なる言語、思惟の言語を語ること、それはもう一つの神秘的な言語を語ることではない。しかしそれは、語り得ぬものに共鳴することでもなければ、ましてやそういった共鳴とは程遠いものだ。思惟すること、それは、言語が言い表すことのないもの、また、言語活動《ランガージュ》そのものであるものを言語に直に接して語ることである。言語活動によって諸々の物＝事柄は言い表わされるが、当の言語活動自体は言い表わされない。つまり、それを通じて言語が語るところの諸差異の、普遍的な送り返しは言い表わされないのである。この送り返しを言い表わすこと、それは一方から他方の内への諸規定の移行を言い表わすこと、全ての意義を汲み尽くすことであるだろう。つまり、これが思惟に固有なことである。思惟の「言語」は実際、規定された意義の汲み尽くしである。[★27] そうしてそれは同様に、言語活動の外在性の汲み尽くし、諸々の物＝事柄の分離された規定の汲み尽くしであり、つまり、顕現の内へと浸透する言語なのである。

　言語の汲み尽くしであり、言語の無限の変容である限りにおいて、この思惟の言語が一つの言語であり、つまりは、言語そのものであるということが主張されなければならない。こうした主張に固執しなければならないのは、ただ単にこれが言表不可能なものを言表しようとする哲学者の真面目で頑固な態度であるからではなく、言語活動のみが、無限の関係と分離として自らをそ

★27　同書、第四六三から四六四節参照［『精神哲学（上）』、第九七、九八節、一七二頁以下/Werke 10, S. 281ff.］。

れ自身で露呈させながら、〈自己の外で他者の内にある自己存在［être-de-soi-hors-de-soi-dans-l'autre］☆28〉、すなわち、顕現をもまた露呈させるからである。ある意味において、言語活動は顕現である。つまり、それは自己の外に物＝事柄を措定するのである。言語活動は顕現を顕現する。しかし、それが顕現を顕現するのは自分自身とは異なるものとしてである。かくして別の意味において、言語活動はすべてを名付け、何ものも顕現させはしない。名付けることによって、諸々の名の無意義において、顕現が名の真理と限界であることを示すのである。

　哲学の言語とはその無限性において語られた言語そのものである。つまり、各瞬間に、それぞれの語、それぞれの意義において、自己の外に置かれた言語であり、無意義なあるいは過度に意義を持った言語、中断され、その固有の否定性へと――「自己」の「生動性」へと――向けられた言語そのものである。言語は自己について語るのではなく、自己に浸透する。それは結局、言語活動が各瞬間に、その分節化の襞とその言表行為の空洞に即して為すもの以外の何ものでもない。

　意味の内への浸透とはこうしたことである。こうした意味はもはや、何か特定の意味で「意味」とは名付けられない。というのも、その真理は、どんな規定をも他の規定に関係付け、こうして初めてその規定を自分自身に関係付ける否定的なものなのである。顕現に浸透すること――あるいは啓示を思惟すること――ヘーゲルはこれを、「啓示宗教」から、この啓示宗教自身がその表象の外にある自身の真理として示すものを引き出すことによって、定式化したのだが☆29――それは、他ならぬ「自己」そのものの内へと、自己自身に対して［＝対自的に］浸透するということである。つまり、自己は自ずから顕現しており、したがって、自己の外にありながら自己に属するということ、これが浸透するということなのだ。自己は自らを［*se*］所有しないもの、自らを［*se*］保持しないものであり、要するに、この「〜ない」という否定辞自体において、その「自ら［se］」を有するもの、つまり、非―基体的存立、非―実体、生起、主体である。

*

こうして哲学は、自己の否定性についての知であるのと同様に、否定性の自己についての知である。こうした表現にはいかなる曲芸的な言葉使いも、言説の倒錯した自己満足もない。自己と否定的なものの相互性と、反転可能性が、思惟されるべきものを形作る。それは、アウグスティヌスが〈私ノ最モ内ナルトコロヨリモ、モット内奥［*interior intimo meo*］〉[☆30]において、デカルトが〈我在リ［*ego sum*］〉において措定した当のものであるが、しかしヘーゲルにおいては、〈内奥〉と〈我〉のいかなる堅固さをも解体し、解き放つことによって思惟されるべきものである。自己についての唯一の前提は、自己が自らを前提することはできないということである。それぞれの思惟はこうした知を再び賭ける。つまり、知はその都度、個別＝特異的に賭けられることでしかありえず、これは、思惟することの具体的な個別性＝特異性なのである。

自己は自らが否定性自身に対する否定性以外の何ものでもないことを啓示する。しかし、自分自身に対する［＝対自的］否定性は一つの物ではなく、その自己との関係、あるいは自己への回帰において考慮されるわけではない。否定性はまさしく――それが「存在する」限り、この語によって措定されうる限りにおいて――、「自己自身に対すること」である。というのも、この「自己自身に対すること」は一つの与えられた基体的存立を目指すような関係や意図ではないからである。「自己［soi］」は何ら「対自［pour soi］」や、「対自的な［pour soi］」存在に先行して実存するものではない。それはこうした絶対的な〈非―先行的実存［non-préexistence］〉「に対する［pour］」存在なのである。

この「に対する」をそのものとして妥当させておくことは、自己を解放すること《リベレ》である――このことは自由《リベルテ》そのものを解放すること《リベレ》でもある。というのも、これは自己が繋ぎ止められているいかなる規定からも自己を解き放つことであるからである。つまり、実体という規定、あるいは所与の人格的同一性という意味での主体という規定、個人という規定あるいは民族という規定、何らかの本質あるいは象徴という規定、意義、形式あるいは形象という規定から自己を解き放つことである。しかし、これは自己をいかなる束縛からも解き放ち、未だ「私＝私」という空虚さでしかないであろう無規定の内に自己を漂わせ、抽象的なままにしようとすることではない。それは個別性＝特異性に直に接して、そして個別性＝特異性に対して自己の解きほぐしと解放を行うことである。私が私であるために私から解き放たれること、それはまさしく、私が他者に露呈され、私の空虚な場所に生起するというようになされるのである。つまり、流れ去る諸々の意義の中で占有されないこの空虚な場所において、意味の主体が自らに嵌入し、生起するのである。

　意味の主体、これが意味するのは、一方へと還帰するのがただ他方へと移行する限りにおいてある意味、あらゆるものにとっての、そして、それぞれのものにとっての一つの意味である。「私」がその都度、普遍的なものと個別的なものの同一性として生起するということ――「私」とは、規定された内容を欠いた生起、意味のそれ自身における投擲以外の何ものでもない――、こうしたことが生じるのは、「私」があらゆるものの間で同等に分有される限りにおいてのみである。それもあらゆる〈語り―そして―思惟する者〉の同等な固有性として分有されるだけではない。そうではなく、語ることと思惟することが区別された固有性として自らを廃棄するしかない固有性として、自分自身の外で、諸々の意識や意義の外で自らを再び見い出すための〈～に対面する意識［conscience-en-face-de］〉という固有性として、自分自身に還帰し、対自的に顕現された顕現そのもの、つまり、絶対的に解放された顕現としてなのだ。ヘーゲルはこうした顕現を「世界精神」★[28]と名付けるのである。

　哲学的決断は、それがどのように強調され、変容されようとも、常に存在と思惟との同一性の決断である。哲学的決断は全哲学史を秩序付ける。というのは、存在する歴史はこの決断の歴史、つまり、拡張と移行、この存在と思惟の同一化を為すことと自らを為すことという反復される出

★28 同書、第五四九節［同書、第一七三節、二五七頁/Werke 10, S. 347］。

来事であるからである。歴史とは、そこにおいてこうした同一化が再び自己に沈潜し、決断が自らを再び捉える、歴史の諸々の断絶からなる連続である。それゆえこのことは、こうした決断だけが、意味の途方もない謎の変わらざる拘束力として永遠に君臨するということを意味するのではない。この決断はまた、思惟と歴史の偶然的な姿勢でしかない。しかしこのことは、この決断が、それが従事する労働が終わるときに初めて変更されるということを意味する。つまり、決断が自らを為す以上、こうした同一性を名付けたり、気に懸ける必要がもはやないところでしか決断は変更されえない。真理のそれぞれの点において、つまり、歴史の断絶というそれぞれの点において決断が生じるのである。

それゆえ哲学的決断とは、顕現的なものに依拠しない［＝休止しない］ことであり、しかも顕現そのものの名のもとにおいてそうしないことである。この決断は顕現的なものを他のものに、つまり秘術《オカルト》や、隠蔽されたもの、秘密といったものに託したりしないことである。これは秘密なき世界の決断であり、あるいは、これこそが世界のあらゆる秘密、つまり、世界のロゴスの秘密、あるいはその啓示の秘密なのである。

こうした決断にとどまることは困難である。というのも、こうした決定は非常に不安なものだからだ。不安であるものとは、顕現の否定的なものが、隠蔽されたものや顕現されざるものではないということである。思惟の安逸や休止とはいつも、顕現されざるものに託す行為であり、こうした顕現されざるものには、必要とあれば、最高に派手な像や装飾の華麗さ、礼拝や芸術の威厳あるきらびやかさ、諸々の名と権力の威信が、さらには諸々の偉大なる思惟の熱狂と高揚が帰されることになるだろう。

しかし、思惟なるものの偉大さは、剝き出しの顕現へと向けられた決断の単純性の内にあるのだ。もし顕現がそれがそうであるものでしかなく、「啓示されるのは単に、神は啓示されうるものである、ということにすぎない」[★29]のならば、顕現とは自己以外のいかなるものにも還帰しないものである。このように顕現はそれ自体、全き露呈でさえもあるのだが、それは単に自己の露呈であるだけではなく、何よりもまず、そして結局のところ、自己「それ自身」がどのようなものであるかということの露呈なのである。自己はまさに［自己の］他のいかなるものにも還帰しない。それは所与の、独立した純粋な基体的存立（実体）としては還帰しないのだが、それは、こうした基体的存立がまだ自己に還帰しておらず、単にそれがそうであるところのものであることによって自己に向かっての回帰をなしてはいないからである。逆に顕現は回帰する［＝回帰を為

★29『宗教哲学』最終章「神の現実存在の証明」「存在論的証明」。ここで明確にしておく必要があるのだが、ヘーゲルにしてみればこうした文は、哲学が次のようなことを啓示し、また啓示させるがままにすることを意味している。つまり、西洋の三つの一神教による「啓示」は、このこと［「神は啓示されうるものであるということ」］以外に何ら啓示すべきものを持たなかったこと、宗教による啓示は思惟の中に移行するということである。この思惟にとっては、何ものも、いかなる神も、絶対者の奥底や表面に残ることはない［『宗教哲学 下巻』、一九三頁以下/Werke 17, S. 347］。

す」のであり、この回帰以外の何ものでもない。しかし、この回帰は前提された実体へと進展することはないのだから、無への回帰である——あるいは、回帰ではない。回帰が自らに還帰するのは、この回帰が予めその下部や根拠とはならない表面において、前方へと自らを投げかけることによってのみである——つまり、それが自らに還帰するのは、自己として自己の外に投げられ、この投擲そのものであり、すぐさま他者の内へのその固有の移行である限りにおいてなのである。

　こうして「私＝私」は何も意味しないか、もしくはただ以下のことだけを意味しているにすぎない。つまり、決して即自的ではなかったものが他者の内へと移行し、跳躍することである。この跳躍は二重に不安なものである。つまり、一つにはその運動のざわめきによって。そこにおいては、一閃の裂け目[★30]でないような移行の連続性は存在しない。そしてもう一つは他者の非—知によって。この非—知はまたそのように自己知の全体をなすのである。

動揺 *Tremblement*

思惟は自己を自己の外へと出さなければならない。思惟はその単純な即自存在から自己を引き抜かなければならない。つまり、思惟はそれ自身このような引き抜きであり、その中で思惟することが自分自身から抜け出し、自らを露呈するような言葉《パロール》である。

単なる基体的存立がもつ稠密な厚みに裂け目を入れなければならない。それが石であれ、自我であれ、全体であれ、神であれ、意義であれ。第一原理として、つまりは出発点として自らを呈示する基体的存立は、実際のところ、既に顕現のその運動への委託、つまり、存在の中での委託、思惟の中での休止でしかない。この委託を解消し、休止を目覚めさせることが思惟の課題である。なぜなら、このようにして思惟は運動に浸透するからである。

それゆえ一方で、この稠密さの裂け目は稠密さの中で既に活動的であり、この稠密さに住まい、

★30『精神現象学』、序文。「日の出は、きらめきの中、一挙に新世界の像を描く。」〔『精神現象学(上)』、二六頁/Werke 3, S. 19.〕

これに手を加え［＝労働し］、これを即自的に不安に駆り立てる。他方で、稠密なものとその裂け目との対立の解消は、抽象的で分離された一般性《ユニヴェルサリテ》そのもの、さらにそれ自身その普遍性《ジェネラリテ》のうちで単純で稠密な一般性《ユニヴェルサリテ》そのものとしての純粋な運動へと移行――あるいは還帰――することによってなされるのではない。そうではなく、それ自身の対自的な分割によって自己に閉ざされた存在に浸透することによって解消は行われる。つまりまさに、この存在の個別性＝特異性における存在自身こそが裂け目を入れられ、解消され、再び運動させられ、目覚めさせられているのである。

即自的に顕現である分離は、その都度、個別＝特異的な経験＝試練である。そのような経験＝試練である以上、分離とは苦痛である。苦痛――あるいは不幸――は普遍的な分離ではない。それは、そこにおいてあらゆる存在が奪い取られ、結局、普遍的な主体が普遍的な不幸を享受するであろうような宇宙的大ドラマがもたらす苦痛ではない。苦痛とはまさしく分離という個別性＝特異性の境位である。なぜなら、分離は個別性＝特異性へと、また個別性＝特異性として出来するからだ。分離は個別性＝特異性の基体的存立の他性化として、またかくして、その他性において目覚めた自己として到来する。

しかしいずれにしても、快楽あるいは歓喜とは、他者の快楽や歓喜、他者の中にある快楽や歓喜である。しかし、不幸と歓喜は、揃って自己における［＝即自的な］他者の目覚め、他者を通じた自己の目覚めであるのに、両者は一つのものではない。不幸と歓喜の対立自体が、他者として他者を分割することなのだ。対自的な他者によって触発されて即自的に存在すること、それはどうでもいいこと［＝無差異］ではありえないし、さもなければ、この触発は単に基体的存立のニュアンスであるにとどまるだろう。それゆえ、不幸と歓喜を分割することそれ自体、ひとつの苦痛なのである。苦痛は始めるものであり、そして歓喜は和解させるものであると言う向きもあるかもしれない。しかし、和解は点の中、つまりは移行の中にある。不幸は根拠を引き裂くことによって存続し、歓喜はそれ自体の彼方へと自らを投げ出すのである。

苦痛を経験＝感知するとはそれゆえ、自らを個別＝特異として経験＝感知することである。（「自然が高まれば高まるほど、自然はますます不幸を感受する［ressentir］」[★31]。）一般的には［＝普遍的《ジェネラル》な仕方では］、感じることや感受することは感じるものとして自分自身を見い出すことである。ところがこのことには普遍性《ジェネラリテ》がないので、触発される存在は規定された他者との関係――苦痛や歓喜――であり、この規定はまた、この存在固有の個別化＝特異化でもある。不幸において私はまさに主体であり、自我の感情である。[★32] ここには補償も昇華[☆31]もない。たとえ歓喜もまた「感受すること」であったとしても、上述した分割に従えば、苦痛は歓喜へと姿を変えることはない。不幸に直に接して、私の不幸に直に接して、私は自らを、分離されたもの、有限なもの、

★31『エンチュクロペディー』、第三五九節、補遺［『自然哲学2b』、六一七頁/Werke 9, S. 472］。
★32 同書、第四〇七節［『精神哲学』、第三一節、二〇一頁以下/Werke 10, S. 160］。

閉ざされたもの、そして私の苦痛である点そのものに還元され、あるいは還元され得るものとして承認する。自らをそのようなものとして知ることは抽象的な知ではなく、具体的に、自己の不十分さと不完全さを前にして存在すること、この欠如そのものによって、私に欠けている他者との、他者全体との、あらゆる他者達との関係において存在することである。これは既に運動の中で存在すること、つまり、生成することである。歓喜に至るのと同様に死に至るまで、無限に生成することである。すなわち、何らかの結果ではあり得ず、常に、移行そのものであり得るものへと至るまで、無限に生成することなのである。

まさにこのようにして主体とは自らを運動させる行為であって、それ以外の何ものでもない。それはこの触発されるという、他者の中へと移行するという運動としての行為である。「自己のうちに自己自身の矛盾を持ち得るもの、この矛盾を耐え得るもの、これが主体である。そしてこのことがまさに、主体の無限性をなすものである[★33]」。主体の無限性は主体の上で漂っているのではないし、主体の外へと出ていくような堅固さを欠いた一種の流出でもない。この無限性はまた、それを通じて主体が悲劇的見世物《スペクタクル》を見下ろすように自分自身を見下ろすような、不幸に対する崇高で英雄的な克服の類でもない。この意味において私の無限性は、まさしく私がもはや存在しないという「非実在性[★34]」としての私の死の中にもない。そうではなくこの無限性は、他者に触発された即かつ対自的な私の個別性＝特異性の中にある。「死」とは他者なるもの（したがって、私の死であるのと同様の他者の死）が存在することであり、かくして、私に対する活動中の＝現勢態における無限者である。

主体は自身の他者そして自身の矛盾を再び自己固有化することはない。主体がこうした矛盾を自分のものとして知るということ、そしてこのことによって主体が主体として構成されるということは、この主体の矛盾が主体の基体的存立となるということではない。この矛盾が主体の矛盾にとどまるのは、私の苦痛、私の死、私の他者、そして私の歓喜が私の外にとどまるからである。つまり、私の外にあるのは、私のものでありながらも、私を私から外出させるものである。私の内にあるのは、私を私として否定し、私の規定を否定し、そうしてこの規定を明確に他者に関係付けるもの、すなわち、この規定を即かつ対自的に開きながら自己へと関係付けるものなのである。

したがって、否定性における、否定性としての自己の知が一つの知ではないのと同様に、この自己の知は、苦痛や死、他者、歓喜を制御したり、飼い馴らしたりする勝利ではない。これは対象についての知ではなく、「自己」がそれ自身の対象とはならない限りにおいての自己についての知である。これが主体というものであり、そして主体とは自己の知である。自己の知とはその

★33 同書、第三五九節〔『自然哲学2b』、六一四頁/Werke 9, S. 469〕。
★34 『精神現象学』、序文〔『精神現象学（上）』、四九頁/Werke 3, S. 36. なお巻末の抜粋集〈否定的なものの途方もない威力〉（一七〇—一七一頁）を参照〕。

否定性であり、自分自身と関係する否定性、自分自身に対する［＝対自的］否定性である。主体は、その基体的存立を解消させるものに関する経験＝試練としての、主体が触発されるという経験であり、つまり、主体はそういった経験を為すのである。だがさらに、この基体的存立を外側から取り除くのは「或るもの」（苦痛、死、他者あるいは歓喜）ではない。主体を分割するのは他の基体的存立ではなく、まさに実体が自らを分割するのだ。実体こそが関係の中に入り、関係へと自らを開き、自らを顕現する。主体とは自己の分割、自己の露呈＝外―措定、自己の放棄という威力の経験である。

「自己」とはもっぱら、こういうこと「である」。すなわち、自らを即自として否定することである。即自的な自己は何ものでもなく、直接的にそれ自身の無である。自己とは断層と褶曲でしかなく、自己へ向かっての回帰、自己からの出発、自己への到来でしかない。こういうわけで、ヘーゲルの「自己」は次に挙げるような表現による、多様で無限な統語法において初めてその概念を得る。自己において［＝即自 *en soi*］、自己に対して［＝対自 *pour soi*］、自己に直に接して［*à même soi*][☆32]、あるいは、自己の傍に［*auprès de soi*］、自己の許で［*chez soi*］、自己の外に［*hors de soi*］、というように。自己とは自己自身［soi-même］である。すなわち、この同じもの性［mêmeté］の措定は差異の措定にかかわり、この差異の運動だけが同じもの性を措定する。自己、それは自己として＝のように［*comme*］のことであり、換言すれば、自己として［*en tant que*］と自己に類似して［*semblable à*］ということである。真理において存在するためには、意味を所有するため、あるいは意味を為すためには、自己はそのものとして存在しなければならない。しかも、ありのままの自己に類似したものとして自らを措定するために、自らを自己から隔てることによって、自分自身として存在しなければならない。

*

ここで以下のように反論したくなるかもしれない。つまり、こうした類似が他者との類似というよりも自己との類似である以上、類似の契機、つまり他性や外在性の契機は、実際には抹消されているのではないか、と。したがって、一般的な擬態の方が、〈自己自身を為す［se-faire-soi-même］〉という過程に関する思考よりも適当であると考える向きもあるだろう。しかし、どちらの仕方で述べられたことも相変わらず同一化なのである。

ヘーゲルは擬態という契機を知らないわけではない。この契機は主体のあらゆる原初的な規定に属する。自らを感じる主体、また、他者の中で、他者として自らを感じる主体の規定（模倣、そしてまた伝染、直接的な交流と「［動物］磁気学」）[★35☆33]に属するのである。この同一化の直接性こそが対自的に引き続き展開していく。そして、この直接性は自己「の中に」その受動性の契機

★35『エンチュクロペディー』、第四〇五節および四〇六節［『精神哲学（上）』、第二五、二六節、一六二頁以下/*Ibid.*, S. 124ff.］。

を一挙に刻みつける。この受動性を通じて、自己を為すという行為はもっぱら、自らを他者に類似させること（あるいは類似させられること）から生じるのである。

全く原初的であるこの直接性の形象において、他者とのこうした関係、より明確に言えば、この〈他者を通じた自己存在〉は「実体を横断する動揺」[★36]として自らを与える。こうした動揺によって、母の「自己」は、自分の外にその固有な存在をもつ同一性、つまり、ただ実体としてまだ母の胎内にいる胎児を自分自身のうちで触発し、目覚めさせる。別の極で、意識が死に直面するのもこの動揺においてである。「意識はその本質の全体に関して不安を感じた。〔……〕意識はそれ自身の深さの中で動揺し、固定されたものはすべて、意識において揺れていた」[★37]。また同様に、動揺こそが「さながら死におびえたるがごとく、愛の前にある心」[★38]を把握する。

ヘーゲルの著作の中から、例えば宗教的、美学的といった動揺に関する一連の目録を作成することができるだろう。これは常に、無限者によって把握された有限者の動揺である。つまり、有限者の中の無限者の感性である。こうしたイマージュについての概念をヘーゲルが明確に与えなかったという事実を強調しなければなるまい。諸々の範疇がそれ自身失効し、動揺するところでイマージュは概念に到来するのである。

動揺とは触発されるという行為――身体をひたすら振動させ、実体を不安にさせる受動的な能動である。自己は触れられ、目覚めさせられ、駆り立てられるのを恐れて［＝動揺して］おり、その脆弱さという感情の中で、また同じく、その自由への欲望の中で動揺している。自己の情動は自己のものであり、その動揺は自己の動揺である。なぜなら、このようにして動揺が自己へと到来するからである。動揺が到来し、そして立ち去るから、立ち去るように到来するからである――つまり、動揺することによって。

動揺は苦痛と歓喜の統一のようなものである。一つの統一ではない統一、いかなる仕方でも一つの統一ではありえないような統一のようなものである。一であるといっても、それ自身から差異化しつつある振動である限りにおいて、自らと類似する統一のようなものである。自己はその動揺においてその統一をもつのだ。

これはイマージュでさえない。〈自己自身を感じること〉の原初的、外在的な段階のようなものでさえない。誕生や宗教、芸術、愛、そして死が何ら下位のものでも原初的なものでもないのと同じことである。なぜなら、「思考もまた（…）感じられるのであり、しかもそれはとりわけ頭の中で、脳の中で、一般に感性の体系の中で感じられる」[★39] からである。思惟は動揺するが、そ

★36 同書、第四〇五節［同書/*Ibid.*］。

★37『精神現象学』、B、「自己意識」、A［『精神現象学（上）』、二三〇頁/Werke 3, S. 153］。

★38『エンチュクロペディー』、第五七三節。ヘーゲルはここで十三世紀ペルシャのイスラム神秘主義者ジェラレッディン・ルミ［Djelal ed-Din Roumi］の詩を引用している。［『精神哲学（下）』、第一九七節、三一七頁以下/Werke 10, S. 387f.］

れは思惟によって思惟されるべきものの前で動揺するだけではない。それだけではなく、思惟はそれ自身において動揺するのだ。つまり、即自的に、自己からの離脱、他者の目覚め、自己の苦痛と歓喜の目覚めであるということを恐れる［＝動揺する］のである。

否定性はあらゆる規定性、あらゆる〈自己に閉じこもる存在〉を動揺させる。否定性は、不安な戦慄と動揺でもってこのような存在を貫く。このように自らを不安にさせるものは、規定性の、それがそうではないところのものへの解放であり、他者への、そして無限者への解放である。ただし、その規定性の存在自体が即自的に、既に、その本質的分有である。

主体の思惟がこのように情動として特徴付けられているとしてもそれは、情動的な思惟に影響されたからでも、感傷的な哲学に没頭しているからでもない。感情も情動も原理に据えられることはない。また同じく、自己の冷徹で支配的な知性が原理の座にある［＝原理において形象化をおこなう］のでもない。有名な「主人と奴隷の弁証法」[★40][☆34]においては、主人自身が死という切迫の中で動揺しない限り、主人の支配力はまさに抽象的観念であるにとどまる。ただし全く同様に、奴隷も主人の前で動揺する奴隷である。主人と奴隷との戦いとは、他者によって承認され、欲望されたいという自分固有の欲望に対して自らを露呈させる意識の戦いである。しかし、他者そのもの、私の外で存立する他なる自己としての他者は、私の基体的存立、この〈私に閉じこもる存在〉を危機に曝す。かくして私は、この存在を危険に曝すことによって初めて、これを肯定できることを知る。私は他者を前にして絶えず動揺せざるを得ないし、さらには、絶えず私において他者が揺さぶる動揺であらざるを得ない。つまり、思惟は動揺することなしに、事柄＝物へと浸透することはできないのだ。

★39 同書、第四〇一節、補遺［同書、第二五節、一八三頁/*Ibid.*, S. 113］。
★40『精神現象学』、B、「自己意識」、A［『精神現象学（上）』、二一八頁以下/Werke 3, S. 145ff.］。

意味 *Sens*

意味［*sens*］[☆35]とは「驚くべき」言葉だ。それは「直接的把握の諸器官」を指し示すのと同様に「事柄の意義、思惟、普遍[★41]」をも指し示す。それ故、この語がもつ二つの意味は、それらの区別において、そして、この区別によって呈示される対立にしたがって、同じ一つの意味を持っているはずである。それゆえ、意味［という語］の意味は、二つの意義の一方から他方の中への移行の内にあるわけである。この移行自体は独立した第三の意義としては把握されえない。それは、こうした「驚き」（*wunderbar*「驚嘆すべき、意表を突く、並々ならぬ性質」）においては、言語《ラング》がもつ興味深く魅惑的な偶然性以外の何ものでもない。それはあたかも、言語を徹頭徹尾構造化し、動員する諸々の意義の間の絶えざる移送を、言語がある点において一瞬、垣間見せるかのようだ。言語がこの移送を規定しないのは、出会いやその統一が、とどめられも固定されもしない分割の不安定性や壊れやすさのようなものを規定しないのと同様である。言語は言語の逸脱［＝失言］という束の間さしか持たない［「意味」という語が二つの意味をもつような］「同時に」を感じさせるのである。

しかし、このように自らを感じさせるものこそが自らを思惟すべく与える。感性と理念性とは互いを介してあり、互いに対してあり、互いの内にある。感性において対自存在は目覚める、つまり、対自存在は、そこにおいてはまだ対自存在が眠りの内にある単純な〈自己に直に接する存在〉から自らを差異化するのである。「自己に直に接すること」は――それ自身において既に自己を覆う自己の襞を、自己に張り付けられた同一性を含んでいるのだが――、こうした自分自身の襞を外に広げ、密着性を剝離させる。目覚めにおいて、私は他者である。私の外に諸々の物があり、私自身、私にとってこうした諸々の物を自分の前に持つ者である。[42] 確かにまた同時に、ただ感じるだけの感覚者は自分固有の感覚となり、その感覚の内に融け込むだろう。しかし、まさ

★41『美学講義』、第一部、第二章、A、2〔『美学 第一巻の中』、三五七頁/Werke 13, S.173〕。Sinnはドイツ語においては感性的感官という意味と知的能力という意味以外に、もはやフランス語では「良識 bon sens」とか「常識（共通感覚）sens commun」といった表現においてしか持っていないような意味を持っており、ここでヘーゲルはこの意味を指示しているのである。つまり、それは知性作用そのものという意味である。〔「つまり『Sinn』とは、それ自身で二つの対立する意義において用いられる、驚くべき言葉である。それは一方では直接的な把握の諸器官を指し示し、他方では我々は Sinn ということで事柄の意義、思想、普遍を表わしている。そしてまたそのようにして Sinn は一方では現実存在の直接的に外的なものと関わり、他方ではその内的な本質に関わっている。意味深い〔sinnvoll〕考察とはこうした両側面を切り離すのでは全くなく、それは一つの方向において対立する両側面を含み、感覚的直接的直観において同時に本質や概念を把握するのである」（同箇所/*Ibid.*）。〕

にこの感覚において、感覚者は同様に、それがその感覚の主体としてあるところのものになるのである。感性とは生成であり、つまり、或る単純な規定性から或る固有性への移行である。感覚とは私のものである――あるいはもし感覚がまだ「私」と発言する者の普遍的な「私のものの性［mienneté］」ではないならば、感覚はその植物的・動物的感覚にあっても感覚者固有の感覚なのである。

こうした固有性《プロプリエテ》、あるいはこうした自己固有化《アプロプリアシオン》そのものが一つの理念性「＝観念性」である。それというのも固有のものとは、分離されたものを「自分のもの」として措定することであり、それゆえ、他者自身が即自的に自己に属するのと同様に、ある他者の自己に属するものとして、分離された物を措定することであるからである。固有のものは、そのものとしては、所与的主体の所有物でもその付属物でもない。固有のものが生じるのは自己固有化として、つまり、「人格の自己との結合」★43においてであり、これが法律的な意味での「所有権《プロプリエテ》」を特徴づける。こうして固有のものは所与ではなく、自己への到来という関係である。絶えず再自己固有化され、再取得され、この関係の中に再び投げ入れられることなしには、いかなるものもまさしく《プロップルマン》「＝固有に」固有《プロップル》であるとはいえない。(この意味で、固有性《プロプリエテ》とは所有という外在性の否定、そして所有権《プロプリエテ》という抽象化における所有の固定化の否定である)★44。したがって、固有性は一つの物ではなく、常に物の意味、適合した《プロプリエ》「＝自己固有化された」物であり――ある道具はある用途に適合しているといわれるように――、そうして自己の真理を他者のうちに持つ。自己固有化《アプロプリアシオン》＝適合化によって、或るものがもっぱら私に依存してしまうことになるのではなく、私に対して、私の非依存のうちに、つまり私の活動及び私の人格性の領域に入り込むのである。固有とはその自己としての他者の内に到来したものであり、——それは、ある語の固有の意味が、他の諸々の語におけるその語の定義を通じて、あらゆる他の語を排除することでのみ、おそらくはその語だけが言い表すその当のものを与える仕方であることと全く同じである。

自己固有化［＝適合化］としての感性は、主体に対して他者を到来させ、そしてその主体の他者へと生成するものの中で主体を自己に対して到来させることによって、主体とその他者を分割する。純粋で単純な他者、同じものとしての他者と並ぶにすぎない他者は、まだ他者ではない。それは、即自と並ぶ、それと全く同類の即自である。逆に他者の真理とは、反転不能で交換不能な私の他者であることであり、同様に私の方もまた全く反転不能なその他者である。このようにして私の真理とは、私の他者において、私に対して生成することなのだ。対自的であること、単

★42『エンチュクロペディー』、第三九九節および直後の第四〇〇節［『精神哲学（上）』、第二三、二四節、一五三頁以下/Werke 10, S. 95ff.］。

★43 同書、第四九〇節［『精神哲学（下）』、第一一四節、一九四頁/*Ibid.*, S. 307］。

★44 したがって、所有権［＝固有性］はヘーゲルにとっては倫理的主体の自己生成の全くはじめの契機でしかない。『エンチュクロペディー』、第四八七節以下参照［同書、第一一二節以下、一九二頁以下/*Ibid.*, S. 306ff.］。

純な他者存在から外へと出ること、これが理念性＝観念性である。[★45] こうして感性は自ら理念性＝観念性の内へと移行し、「意味」［という語］がもつ第一の意味は第二の意味に移行する。さらに明確に言えば、感性とは、諸々の有機的な存在の特殊な性質でさえなく、それ自身からして何らかの意味、つまり固有という理念性＝観念性の内に移行するという意味をもつものでもある。

（実を言えば、意味には、有機的存在がもつ感性にも先行するものがある。無機的なものは能動的意味［＝感官］において感じとることはできず、それはいかなる感覚によっても感じられる感性的な物質である。――というのは、どの感覚も物質に直に接して、つまり、自己なしに即自的である他性に直に接して作用するからである。無機的なものは即自的に「ばらばらの個体性[★46]」、あるいは自分自身を自己としては否定するものである。石は諸々の固有性［＝特性］をもっているが、それは純粋に自己の外においてのみである。これらは互いに並んで措定された性質である。それらは固有のものの単純な否定性であり、他者にとってもっぱら自己固有化が可能であるにすぎない――つまり、もっぱら他者によってのみ消耗され、変容され、消尽され得るのだ。こうして、物質、つまり「感性的なもの」が露呈するのは、意味の純粋な不在ではなく、感覚と理念化＝観念化の自己固有化に差し出された、意味の解体と感性的外在性である）。

したがって、そのようなものと見なされた対自である理念性＝観念性は、感性に直に接して現前している。つまり、実を言うと、対自は常に既に、即自に直に接して現前しており、この現前は、潜在的なものにしろ、顕在的なものにしろ、顕現の運動以外の何ものでもない。理念性＝観念性において、つまり理念性＝観念性として、物は対自的に生成し、さらには「自己の許に」生成するのである。つまり、物＝事柄はそれ自身で、その存在の蝟集、避難所である。物＝事柄は現にそこに与えられているだけではなく、現前化［＝呈示］されて（感じられて）おり、このことによって、物＝事柄は一つの形式を持つ、というよりも、物＝事柄が一つの形式なのである。

概念の最も古い規定、つまり、プラトンの規定からすれば、ヘーゲルの理念＝観念は確かに形式を指し示している。この形式は物＝事柄の外在でも、その内在的な内容の上に重ねられるものでもない。この形式は、それによって内容が自らを現前化［＝呈示］するところのものである。そして、この現前化［＝呈示］は内容にとって疎遠なものではなく、その内容の顕現である以上、形式とはむしろ、物＝事柄が自らを顕現するということである。形式は自らを啓示する内容なのである。★47

★45 同書、第三八五節［『精神哲学（上）』、第九節、四七頁/*Ibid*, S. 32］。
★46 同書、第三〇八節［『自然哲学2 a』、二五〇頁/Werke 9, S. 197］。
★47 同書、第三八三節、補遺［『精神哲学（上）』、第七節、補遺、四〇頁/Werke 10, S. 28ff.］。［「したがって自己啓示はそれ自身精神の内容であり、単に精神の内容に外的に付け加わる形式などではない。それ故精神は、その啓示によってその形式とは異なった内容を啓示するのではなく、精神の全内容を表現するその形式、つまりその自己啓示を啓示するのである。したがって形式と内容は精神においては互いに同一である」（同箇所/*Ibid.*）。］

理念——それは思惟に固有の事態であるのだが——は自己固有化する形式の威力である。その必然性と操作は「映現し現象する」ことである。★48 理念は物＝事柄「についての」理念でもなければ（ましてや物＝事柄「に関する」理念でもない）、理念＝観念的な物（「単に思惟されたにすぎないもの」）でもない。そうではなく、その顕現において自らを形式化する事柄そのものなのである。理念性＝観念性が知解作用、表象、形式的理解といった分離された体制と見なされるとき、顕現を啓示する契機はこうした理念性＝観念性において孤立している。感性が直接的で、明白でない自己固有化という分離された体制と見なされるとき、顕現の啓示された契機はこうした感性において孤立している。しかし、理念性＝観念性とは感性の理念性＝観念性であり、感性とは理念性＝観念性の感性なのだ。こうした条件なしには、これらの観念《ノシオン》そのものはいかなる意味も持たない。〈啓示されたもの〉と〈啓示するもの〉は啓示において共にしか存在せず、こうして、意味一般、つまり、自分自身に対する現前の意味が存在するのである。それゆえにヘーゲルは「全ては感覚の内にある」★49 と言うことができるのだ。

*

意味は感性的なものの理念性＝観念性であり、理念＝観念の感性である。つまり、意味とはその一方から他方への移行である。それゆえに、意味は全体的で、無限なのである。それはあらゆるものの自己との無限の関係であり、そのものとしての全体、つまり、全ての物＝事柄の互いを通じての、互いに対しての、互いにおける、自己との関係としての全体である。そしてこの全体的関係の最も普遍的な形式、最大の拡張において表象される形式は、即自的な物［＝物自体］——生命のない放置された存在、現前さえしない曖昧な塊——と対自的な物＝事柄——自分自身を形式化する理念、自己へと閉じこもって行く概念——との関係である。

しかし、純粋に浸透不可能な厚みと自分自身によって純粋に浸透される理念＝観念は、二つの抽象——分離を行う抽象の両極、そして愚鈍さや狂気との対面、すなわち意味の総体的喪失との対面のようなものである。分離である限りにおいて、思惟はこうした二つの極を指し示すことだけでなく、この二つの極を掠めることをも避けることもできない。★50 意味はこの二つの間を移行する、一方の意味の不在から他方の意味の不在へと、一方の真理から他方の真理へと。

★48 『美学講義』序論。こうしてヘーゲルは、芸術に固有な必然性を理念の「感覚的な顕現」として、つまり、感性的なもののその真の形式における啓示として措定する。

★49 『エンチュクロペディー』、第四〇〇節［『精神哲学（上）』、第二四節、一五七頁/Werke 10, S. 97］。

★50 例えば、同書、第三八〇節［同書、第四節、一九頁以下/*Ibid.*, S. 16f.］と第四〇八節［同書、三二節、二六一頁以下/*Ibid.*, S. 160ff.］参照。［第三八〇節では「精神」においてはより低次の経験的段階においてより高次の段階が「予料」されていなければならないことが指摘されており、その例として「精神錯乱の場合に悟性を予料する」ことがあげられている。第四〇八節では「自己感情」の必然的な展開として「精神錯乱」が扱われ、その補遺では精神錯乱の三つの類型として（1）白痴、放心、たわごと、（2）本来の愚行（愚鈍さ）、（3）狂行または狂気が展開されている。］

たとえ真理が意味であるとしても、それでも真理はこれらの極の間に関わる穏当な「推論の」中項［＝中庸］として真理であるわけではない。真理が意味であるのはそれらの極の媒介としてであるが、媒介とは媒辞ではなく、一方の極から他方の極への移行としての中間的なもの、あるいは間《あいだ》そのものである。★51 この移行は他者の内への浸透であり、意味は媒介の内にある。そして、媒介は即自から対自への、そしてその逆の移行であるがゆえに、媒介はそこにおいて意味が委託されるであろうような第三者として、それ自身で存立するのではなく、媒介はその働きにおいてそれ自身が解消される限りで意味なのである。

したがって意味とは、移行において、移行として、自らを感じさせるものであり、自らに形式を与えるものである。このことは、意味とは次第に消えゆく息吹であり、束の間のきらめきであるということを意味しない。意味とは固定されたものではあり得ず、非固定性そのものである。しかしこのことが意味するのは、意味とは絶え間なき運動であり活動性であるということである。つまり、意味とは諸々の意義の、言語の内での永続的な運動であり、そしてまた同様に、自然と人間がその中で絶えず移行しつづける――「移行しつつある［être-en-passant］」と「死にゆく＝別の場所に移行する［trépasser］」という二重の意味において――歴史の運動である。そしてまた、同様に意味とは人間の働き及び操作、振る舞いという運動であり、この運動は常に新たに、意味の真理をそれ自身に対して解放しなければならないのである。

意味が全体的かつ無限であるということ、意味が、思惟による浸透と、現実的な移行の中でいかなる物をも自己固有化する出来事であるということ、このことは、意味は存在するものに直接して、それがそうであるものとして与えられるということを絶対に意味しない。そうではなく全く逆に、意味においては何ものも、それがそうであるようには存在しないのである。意味に必要なのは生成の活動、そして顕現である。意味は、あたかもそれがその所与の固有性であり、その上方を漂う観念的な意義、人間の精神にとって多少なりとも知覚可能な意義であるかのように、「存在の意味」であるわけではない。それは意味としての存在、基体的存立や固定された規定から引き離された存在、そして主体としての、主体による存在の自己固有化である。否定的なものの不安とはこうした自己固有化のざわめき、緊張、苦痛、歓喜なのだ。

＊

そうしたわけで、媒介の核心にある決定的な概念――それはヘーゲルが「哲学の最も重要な概念の一つ[52]」と述べる概念なのだが――は、ある術語によって示される。この術語は Sinn［意味＝感官］という術語や他の術語と同様に、ただし最も動態的な形式の下で二つの対立する意味を結び付け、そうすることによって、それ自身を介して、それ自身の内で、結局はそれ自身の上方で、意味一般の媒介という操作である、という注目すべき固有性を呈示する。

★51『大論理学』における推理の分析全体を参照［『大論理学 3』、一三三頁以下/Werke 6, S. 351ff.］。

それは Aufhebung［止揚］という語である。この語はドイツ語で、あるものを廃止し、停止させる（これが通常の意味である）という行為と、あるものを拾い上げ、保持するという行為を同時に指し示すことができる。Aufhebung とは保存する廃止である。Aufhebung は物を観念へと高めることによってその物を保存する。aufgehoben［止揚されている］ものは観念的なものと同じものである。フランス語では、la chose est *relevée.*［物は止揚されている］という言い方が選択されよう。★53

Aufhebung という語が幸運な偶然によって可能にするのは、じかにこの語においてその二つの可能な意義が戯れつつ結合されながら廃止されて、一方を他方によって高めて［relever］いるということである。要するに、この語は Sinn という語――この意味という語によって、その二つの意義の同時的な現前化を戯れさせることができるのだが――の正確に反対の点を表す。だから次のようにいって戯れることもできるだろう、止揚の意味は意味の止揚であり、止揚の意味は意味と交替する［＝意味の止揚を行う］のだ、と。☆36 この戯れは、［意味の］運動の愉快だがそれ自身では無意義な側面でしかないだろう。しかし、この運動のもうひとつの側面は思惟の最も真面目な浸透である。

止揚という概念は自己自身を廃棄するものの概念である。自己自身を廃棄するがゆえに、自らが自分自身を継承し、その固有の交代［＝止揚］を行うものの概念である。弁証法的媒介という概念こそが、その操作の形式にしたがって考察された顕現に他ならない。顕現は自己との関係である限りにおいて媒介である。明確に言えば、顕現とは物と自分自身との間の——同じ物の感性的なものと観念的なものとの間の——媒介なのである。顕現はそれゆえ、中間を経由する移行の内にあるのでも、第三の媒介項による介入の内にあるのでもない。顕現とは単に、即自からの外出である。つまり、自己はその即自の機能によって止揚される。存在は即自にとどまりはせず、自らを解放するのである。

★52 『大論理学』、第一篇、第一章、C3、注解〔『大論理学 上巻の一』、一一四頁/Werke 5, S. 113〕。〔「Aufheben という語はドイツ語において二重の意味を持つ。つまり、保存することと保持することを意味し、同時にやめさせることと終わりをなす事を意味する。保存することそれ自体はすでに否定的なものを自己の内に、閉じこめている。そうして或るものは否定的なものを保持するために、その直接性を、そしてそれとともに外的な影響に開かれた現存在を奪われている。そうして、止揚されたものは同時に保存されているものであり、それはただその直接性だけを失っているにすぎず、それゆえに無化されてはいないのである。ここで示された止揚するという語の二つの規定は辞書上ではこの語の二つの意義として記載されうる。しかしその場合次のことが注目されなければならないだろう。つまり、一つの言語が同一の語を二つの対立する規定に用いるようになっているということにである」(同書/*Ibid.*)。ナンシーは一九七三年の著作 *La Remarque spéculative* でこのヘーゲルのテキストの詳しい読解を行っている。〕

★53 ジャック・デリダによって以前に提案された訳語に従う。ここでは、いろいろな翻訳者が提起する議論や訳語の多様な選択には言及しない。必要なのはそうした議論や選択を媒介し、事柄に浸透することである〔訳注36参照〕。

したがって、媒介的な Aufhebung は全く神秘的能力などではないし、弁証法は自然や歴史の不可解な狡知などではない。実のところ、弁証法が操作であり、止揚が、自己廃棄するこうした疎遠なカテゴリーであるのは、分析において形式的で操作的な契機が孤立させられる限りにおいてである。しかし、媒介はそれだけで孤立させられてはならず、孤立させられ得ない。媒介を思惟するということは、諸々の規定性を孤立させたままにすることの不可能性を思惟することである。それは、場合によってはさらに規定された意味自身を所与に備えさせるために、その規定の所与にとどまることではない。逆にそれは啓示に浸透することである。つまり、所与は単純に与えられたもの［＝所与］とは異なったものとして常に与えられるということなのだ。「自己贈与」のこうした仕方が媒介である。それゆえ、媒介は存在そのものであり、存在に対して外在的ではない。何がこうして「存在なるもの」――存在そのものの固有――であるかといえば、それは、意味へと生成するために、自己を存在としては否定することである。意味へと生成するといっても、存在は或るものが破壊されるように自己を廃止するのではない。存在は浸透不可能な基体的存立という存在であることを否定し、このように否定しながら存在は意味の存在であることを肯定するのである。

この肯定的な否定――自分自身を止揚する否定――を、存在は先行的な措定［＝立場］から表明することも、遂行することもない。この否定は存在の Faktum であり、徹頭徹尾存在から生じる。媒介、我々はこの作用を、諸物の法則を言表するかのように、距離をおいて表明することはできない。できないというのは、我々自身がこの媒介の内にいるからである。しかし、我々は包括的な何らかの実在性の直中にいるように、この媒介の内にいるわけではない。我々が媒介の内にいるということは、思惟する存在――つまり、それにとっては否定性がそのものとして、そしてそれ自身に対して自己を呈示するところの存在――という我々固有の規定の内に我々がいるということである。つまり、我々において言われているのは、存在がただ単純に存在であるわけではないということである。

以上のように言い表されることは従って言い表されることとさえできない、――それゆえこのことは命名の可能性を越え出ているのだ。言い表されさえしないもの、それは現実的に為されるものである。意味の、あるいは意味における媒介と止揚とは我々が為さなければならないものであり、我々に最も固有の関心事、それぞれの瞬間に対する我々の責任であり、我々の歴史の現実性なのである。

*

哲学の歴史において、「弁証法」は常に、意味なるものを為す――ロゴスを戯れさせ、あるいは労働させる――多様な仕方の名であった。そこにおいては、第一のあるいは最後の一つの意義は与えられない。プラトン、アリストテレス、あるいはカントにとって（かなりの違いがあるにしても）、こうした条件は制約的であり、否定的であった。ヘーゲルはこの条件を真理の条件そのものにした、つまり、真理とは所与ではないという条件に。

こうした理由で、哲学の言説はそれ自身に対する否定性の言説でしかあり得ない。哲学の言説は絶えず規定の否定を言表し続ける。その統辞法はすべて、〈A＝非A〉、〈私＝非私〉という命題の無際限な増幅である。その意味論はすべて、Aや〈私〉といったそれぞれの意義を他の意義の中で、さらにはあらゆる意義の否定の中で止揚することの内にある。

このことは、哲学が概念の言説――この語の通常の意味で――として自らを「灰色」であると知る理由でもある。通常の意味でというのは、「観念《ノシオン》」あるいは「カテゴリー」という意味でということだが、それはつまり、そこにおいて絶対的概念――概念作用あるいは把握、浸透――が単に知でしかない知から自らを区別することによって自らを措定するところの、単に理論的な契機、あるいは機能においてということなのだ。言説はいつも「灰色の影」、あるいは「生命なき霧」★54である。これは、そこにおいて思惟が自らをそれ自身として措定し、自身の賭金を露呈させる灰色の影を免れ得るということを意味するわけではない。そうでなく、究極の掛金が、哲学にとっては、自己の否定として自分自身を知り、そして同様に、措定することだということを意味するのである。つまり、哲学は未だ意味の言説――言説はそれだけでは分離され、抽象的なままであるだろうが――以上の何ものでもないのであり、そこにおいて意味は、言説の否定として、意味の行為への、意味の実践への移行として、自分自身の内で自らを露呈させるのである。

しかしまさにこうした理由で、哲学はそれがそうであるところのものであり、成就した媒介のあるいは意味の二つの形象である芸術でも宗教でもない。[★55] 芸術と宗教は呈示＝現前化された意味であり、つまり、単に呈示＝現前化されたに過ぎず、もっぱら形象化されただけの意味である。諸々の形象として――そしてより明確に言えば、形象化そのものの諸形象として――芸術と宗教は自分自身で、哲学の内にその固有の媒介を指し示す。というのも、両者が表象＝再現前するのは、いかにして表象＝再現前がそれ自身から越え出ていくのか、であるからである。いずれもが互いの内へと移行しあいながら、こうしたことを表象＝再現前する。例えば、宗教は感覚的な顕現の内で自らを成就しなければならないが、この顕現は「暗黙のあるいは明示的な礼拝」[★56] として自らを啓示するにすぎず、その真理は自分自身を礼拝として脱措定し、超えていくことになる。礼拝の相関物、つまり神的な一切の形象は礼拝とともに消滅するのだ。

このようにして、芸術と宗教は「真理に実存を与える」[★57] ――ただし、手で触れることのできるこうした実存がその固有の超過、あるいはその固有の止揚以外の何ものをも指し示さないという

★54 『精神現象学』C、AA、「理性」、B、a［『精神現象学（上）』、四一〇頁/Werke 3, S. 271］。

★55 『エンチュクロペディー』、第五五四節以下［『精神哲学（下）』、第一七八節以下、二八二頁以下/Werke 10, S. 366ff.］。［『エンチュクロペディー』において、「芸術」「宗教」は「哲学」と共に「絶対精神」を構成する。しかし、「哲学」は他の二つより高次であると見なされる。］

★56 同書、第五五五節［同書、第一七九節、二八三頁/*Ibid.*, S. 367］。

★57 『大論理学』、第三篇、第三部、第三章［『大論理学 3』、三五二頁/Werke 6, S. 549］。

仕方で。芸術や宗教において措定されているのは、意味を表象＝再現前するということさえ問題ではないということ、さらにその運動の中に入り、その行為に浸透しなければならないということである。このとき、哲学が上位の秩序の表象であるというわけではない。そうではなくて、哲学はこうした要求が剝き出しになった露呈なのである。したがって、哲学は理性の祈りでも思惟の詩でもないのと同様に否定神学ではない。哲学はこうした祈りと詩の止揚を形作るのである。哲学はいかなる〈他者〉にも差し向けられておらず、いかなる形式の輝きにも委ねられることはない。というのも、哲学は働きつつある他者についての思惟であり、つまり、対自的な否定性だからである。

　思惟として、哲学は、その否定性を言表しながら自らを際限なく止揚する――そして労働として、哲学は、具体的主体の行動において自らを止揚するのである。この具体的な主体は生けるべきものであり、かつ死すべきものであり、単数的かつ複数的、自然でありかつ歴史である。こうしてこの主体は意味の経験、つまり、「自分自身を解放する」[★58] 理念＝観念の経験を為す。

　言説はまさしく［＝固有に］始まりなどしなかったように、まさしく［＝固有に］終わることもできない。あるいは、言説が哲学するという決断において始まったのと全く同様に、言説は具体へと生成するこの決断に基づいて自らを中断する、これがつまり意味を生き、意味を死ぬということなのだ。

欲望 *Désir*

自己は即自的に否定性である。自己が「自己」として指し示されるのは、同一性や主観性と合致するいかなる特権によってでもない。その反対に、しかも正当に、ヘーゲルは同一性と主観性の支配の外へと思惟を導き出した最初の哲学者であると言うことができよう。しかしこのようにして、彼は哲学全体のプログラムを、この上なく規模の大きなその拘束力のうちで完成させ、そのものとして露呈させるのである。

「自己」とは、存在という経験を経た＝試練にかけられた存在を意味する。自らを基礎付け、支え、完成するための何ものをも持たない存在、これは、ロゴスとの同一性の内に剔き出しで措定された存在であり――つまり自らの絶対的自由と同一な剔き出しの実体であり――、そして、そのいずれも全体を完成させないような諸々の個別性＝特異性がもつ剔き出しの無限性である。これら諸形式のいずれのもとでも――もちろん、哲学はその他の多くの諸形式を構想してきたの

★58 同書［同書、三七八頁／*Ibid.*, S. 573］。

だが——、試練＝経験とは内在性の試練＝経験である。存在は自己の内で［＝即自的に］休止し、この休止それ自身が存在を目覚めさせ、不安にさせる。そこで存在は、自らが存在するという意味を失うのを感じ取る。実際のところ、それはこの意味を既に失っていたのである。存在の単純な措定は意味の剝奪であるが、まさしく剝奪として、初めて意味が自らを顕現するのだ。矛盾してはいるが有無をいわさぬこの条件が、哲学の構造と歴史をなしている。それ以外はすべて、この主題に関する変奏、骨の折れる必然的な変奏である。変奏されながらこの主題は変容し、おそらくは、ついに消失することさえある。つまり、我々が、個体としてであれ、共同体としてであれ、意味について不安になることを止めているということもありうる。このような事態が相変わらず新たに、控えめに生み出されることさえありうるだろう。しかし、哲学はこの消失を把握することができない。哲学はむしろ、我々が哲学を通じて把握されるがままになるように我々を導くのであり、そしてとりわけ、哲学を幻想的な、宗教的な、あるいは空想的な確信と混同しないように我々を導くのである。

それゆえ「自己」とはその唯一の資源へと引き渡された意味である。すなわち、同じものへの依拠によってではなく、同じものへの無限の回帰、自らを提供するものすべてのものである〈同じもの性—他者［mêmeté-autre］〉への無限の回帰によって自らを意味となす意味なのである。「自己」とはしたがって何よりもまず、無として自らを見い出すものである。厳密にいえば、自己とは自らを見い出さないものなのだ。自己とは自己の否定であり、自分自身に対する［＝対自的な」否定性である。否定的なもののこの対自のうちには、いかなる合目的性も、いかなる志向性も、いかなる「〜を目指して」もない。そこには無限の距離が、絶対的な差異があり、そこで自己は自らを経験し＝試練にかけ、この距離ないし差異として［＝のように］、自己は自らを経験する＝試練にかけるのである。自己の絶対知は既に現にそこに在り、それゆえにこの知は一つの科学でも、信仰でも、表象でもない——そうではなくこの知は生成するのである。絶対知は絶対的に移行しており、まさしくこのことを絶対知は知る。だから、絶対知の移行とはその知であり、その自由である。

こうして、概念ないし把握が「自分自身と絶対的に同一な否定性[★59]」である限り、「個別性は規定を持たず自分自身に関係する否定性である[★60]」。概念と個別性＝特異性との同一性はまさしく主体の同一性である。これは二度、つまり一度は理念にしたがって、一度は具体性にしたがって自己へと関係付けられた否定性の同一性である。主体とは否定性の即かつ対自的な現実性であり、自己に直に接して自己の許にある否定性である。このことが同時に意味するのは、把握は個別＝特異の〈ここと今〉においてのみ自らを現実化するのだということ、また、個別＝特異は否定的なものの自己への浸透においてのみその真理をもつのだということである。自分の外にある真理

★59 同書、第三書、第二篇、序説［『大論理学 3』、一九〇頁／*Ibid.*, S. 403］。
★60 『哲学的プロペドイティーク』、第三課程、第二篇、第五七節［二七七頁／Werke 4, S. 22］。

を私は知っており、私が私の外にある真理であるということを私は知っている。私は真理であり、私は知っている[☆37]、私が自分をいかなる「自己」とも混同することができないということを。

　ある意味において、主体とは自分自身の否定であると言われることだろう。主体こそが偶然的な自分の規定性の外へと出ていき、そして抽象的な普遍者の外に出ていくのであり、そのようにして主体は、そのただ一つの実体を形成し、これに手を加える［＝労働する］ただ一つの威力によって、自分自身を措定するだけである、と。ただそうなると、主体は無限の自己規定であり無限の自己可塑性だということになってしまうだろう――そして主体は全体の、つまりあらゆるものにおける自己規定や自己可塑性となってしまうだろう。絶対知は主体の計り知れない同語反復《トートロジー》であるにすぎなくなるだろう――こうした同語反復は結局、どちらかというと馬鹿げた同語反復であり、実践的なモデルに役立つとすれば脅威的なものとなることだろう。

　しかしこの場合、この見かけ上の同語反復全体の本質的な二重の条件が忘れられているのである。一方において、個別性＝特異性とは空語ではない。というのも、個別性＝特異性とは分離の具体化であり、閉じた形式によって、つまり交換不可能な、これあるいはそれ、彼女ないし彼、ここと今、別様にでも別の場所でもなくこの誕生とこの死の間でしか成就しない顕現なのである。いかなる普遍性《ジェネラリテ》もいかなる一般性《ユニヴェルサリテ》も、それら自身では価値を持つことができず、個別性＝特異性の絶対的措定を包摂することも昇華させることもできない。しかし他方において、主体が自分自身の否定であることによっては、まさしく否定性の威力や基体的存立以外のいかなる威力や基体的存立をも主体は回復しないのである。主体は一人の自殺者のように自らを否定するのではない。主体は自分の存在において自らを否定するのであり、主体とはこの否定である。そしてそれ故に主体は自己へと還帰しないのだ。自己とはまさしく自己へと還帰することのないものであり、自己はそれが既にそうであるところのものには生成しない。生成すること、それは自己の外に存在することである――ただしこの外、この露呈［＝外措定］が主体の存在そのものである限りにおいて。

したがって次の二重の条件が守られなければならない。つまり、具体的な個別性＝特異性に関して何ら譲歩しないこと（何ものも天上や、未来や、集合的抽象化へと置き直さないこと）、また否定性に関しても何ら譲歩しないこと（何ものもある同一性や、ある形象や、ある所与へと置き直したりしないこと）である。具体的な否定性が思惟されなければならない。

否定性の具体化は他者とともに始まる。自らを否定する自己は、自己へと還帰する代わりに自らを他者のうちへと投げ出し、自らを他者として欲する。それゆえ他者は第二のものでもなく、他者が後からやって来るのでもない。他者が、私がそれを「他者」と呼ぶという単純な事実によって「一者」あるいは「同じもの」を前提し、もっぱらその後にやって来るように思われるとしても、それは依然として抽象的な思惟の結果なのであり、この思惟は一方にも他方にも浸透していなかったのである。一者は［それだけでは］始まらない。一者は他者と共に［*avec* l'autre］始まるのである。〈他者と共に〉とは〈他者の傍らで〉、〈他者の許で〉ということを意味する。

私は何よりもまずこうした他者の許にある。世界、身体、言語、そして私に「類似したもの」の許にあるのだ。もっとも、〈一者が他者と共にあること＝相互共存在［être l'un-avec-l'autre］〉が統一として通用すること［＝統一へと移行すること］もありうるが、それは暫定的なものでしかない。★61 他者は私に欠けている基体的存立を密かに持っているような自己でもなければ、同様に〈他者との共存在〉もまた、一者と他者とが一緒にあって、しかも互いに同一的であるような一つの高次の基体的存立を形成することはない。堅固で所与的な外在性として措定された他者とは、まさしく自己否定の運動そのものにおいて否定されるものである。★62

このことは同時に二通りの仕方で述べられなければならない。一方では、他者は自己でも自我でもあり、周知のように、この自己存在は、所与の最も単純な外在性に直に接して、稠密な物質に直に接して、既に即自的に現にそこに存在する。その結果、他者は一者と同じ運動の外に自ら出て、〈両者が共に存在すること＝相互共存在〉は必然的に否定性の共同体となる。他方では(これらは同じことなのだが)、自己の外に出る自己は、いかなる所与の基体的存立をも否定することしかしない。稠密な外在性としての他者を私は私の他者とし、全く同様にその他者も私を自分の他者とする。★63 私は石を鉱物という抽象化の外に出し、石は私をその精神的な塊の外に出すのだ。

したがって、自己からの外出は、同じく他者の自己固有化でもある。しかしだからといって、この自己固有化は他者を私の物とするのではない——他者との同一性において、私は私自身のうちに私が存立していることを見出すといった意味においても、また私の同一性において、他者は単純に私の所有の対象であるといった意味においても。他者との関係は、まさしくそれが自己固有化である限り、この関係がそこから生じる否定性の自己固有化である。つまり、他者との関係は私の外に与えられた規定性の解消であり、それは自己の外へと移行する、私固有の規定性の解消であるからである。例えば、石は道具となり、私は石工となる、というように。

しかしなおここでも、そして、とりわけここで、否定性の厳格さに関しては何ら譲歩してはならない。否定性は所与の他者を解消するのだが、それはこの他者をまさしく即自的に亀裂の生じているような一つの自己へと帰着させるためではなく、この他者を所与ではない他者とするためである。つまり、私の他者として、私の内で、自己自身の無限の他性である他者、すなわち、即自的に自己の無限なる他性化であるような他者とするためである。私の真理が他者の内にあるの

★61 例えば『エンチュクロペディー』、第三八一節、補遺（性の関係について）〔『精神哲学（上）』、第五節、二六頁/Werke 10, S. 20f.〕参照。〔「性的関係においては、両性のそれぞれが他の内に疎遠な外在性を感覚するのではなく、自分自身、あるいは両性に共通の類を感覚する。したがって性的関係は生ける自然の最高の点である。この段階において生ける自然は完全に外的な必然性を免れている。というのは、互いに関係しあう異なった現実存在はもはや互いに外的であるのではなく、両者の統一の感覚を持っているからである」（同書/*Ibid.*）〕。

★62 同書、第三八五節、補遺〔同書、第九節、四七頁以下/*Ibid.*, S. 32ff.〕。

★63 同書、第三八六節〔同書、第一〇節、五一頁以下/*Ibid.*, S. 34f.〕。

は、新たな即自あるいは新たな自我の内に放置［＝脱措定］されるためでも、共同的な自己の内に放置［＝脱措定］されるためでもないのである。

いかなる審級も――特殊的審級であれ普遍的審級であれ――無限の運動を制止したり包含したりすることはできない。それゆえにまた、思惟でしかない思惟、そして、そのものとしては諸々の審級――主語、述語、繋辞、判断および推論の諸形式――しか認識しない思惟は、移行の真理から依然として隔たったままなのである。この思惟はそれ自身移行する思惟にならなければならない。物に浸透することによって、思惟は「単に思惟されたにすぎない純粋概念」[★64]を廃棄し、ヘーゲルが「愛」と呼ぶあの他者の承認へと入っていく。

この愛はそのロマン主義的な表象には対応していない。思惟は何らかの感情の発露や、惜しみない自己放棄の内で自らを失うわけではない。反対に、思惟はこの愛の内に、現実的かつ能動的な個別性＝特異性への浸透によって要求される全き明確さ、全き寛容、全き先鋭さを見い出すのである。この個別性＝特異性は、私の他者である以上、（信仰においてそうであるように）そこで思惟が自失するところのエーテルでもなければ、（感情においてそうであるように）そこで思惟が嵌入するところの厚みでもない。愛とは欲望による欲望の承認を意味する。したがって次のように言わねばならないだろう。すなわち、愛とは〈自己外定立［mise-hors-de-soi］〉の〈自己外定立〉による承認であり、それゆえこれら二つの〈自己外定立〉のうちの一方からなる承認でも、「一者」の「他者」による承認でもなく、それゆえ一方の他方についての思惟でもなく、つまり各々の他性化であるような承認である、と。

かくして、ヘーゲルが愛として思惟しているものは、感情の統一として表象された無媒介的な統一ではない――ただし同時に、愛は常に感情であり、つまり感性であり、より明確に言えば、感性そのものへの感性であり、私を動揺させ、他者とともに私の基体的存立を取り去る、私の内での他者の動揺である。ヘーゲルが引用した次の詩[★65]に立ち返ってみるべきだろう。

かくして愛の前で心は震える
あたかも死によって脅かされたかのように。
というのも愛が目覚めるとき死ぬのは
私、陰鬱な暴君なのだから。
君が夜のなかでこの者を死なせ
そして曙光のなかで自由に呼吸せんことを。

心が震えるのは自己が実際に消失すべく定められているからである。愛の内に、そして自らの

★64 『精神現象学』、[C]、CC、C［『精神現象学（下）』、三六三頁/Werke 3, S. 567］。
★65 ★38を参照。こうした引用は、『エンチュクロペディー』というヘーゲルの著作において、極めて例外的な類に属するものだけに、なおさら注意を引く部分である。

自由の内にあろうとするために、この消失をこそ自己は欲せざるを得ない。しかし言説が、我々には感傷的《センチメンタル》で月並みだとしか思われない詩的表現にこのように訴えているということ、これが何なのかということもまた考える必要がある。これはつまり、[★66]動揺は現実的に突然生じざるを得ないということ、動揺は、自己確信と自己操作の流れ——自己からの即かつ対自的な外出の必然性に関する骨の折れる議論の流れも含めて——を断ち切るために外から到来せざるを得ないということである。詩は、ここで、彩りを加える芸術作品という意味での詩とみなされてはならない。詩は、他者としての、そして他者に向けての、他者の勧告あるいは呼びかけを生起させるがままにする、言説の一つの断絶として把握されなければならない。(ヘーゲルはまた、この引用を導入するにあたって、次のように書いている。「私はより明確な表象を与えるために、ここで引用するのを控えることができない」。これは単に表象にすぎないかもしれないが、この表象の外在性が、一瞬、必然的なものとなり、結局は抵抗し難いものとなるのだ……。)自己が現実的に自らを放棄し、否定性が対自的になるのは、ひとえに隔たりにおいてである。別の言い方をすれば、愛とは、他者から到来して自己の堅固さを開封するものである。したがって、否定性におけるこの開封、この変容[=他性化]が自己からは到来しないと言ったのは非常に正確であった。自己の現実性、つまり「暴君的な自我」の死と〈即自的に充足する存在〉の死は、他者から自己へと現実的に到来するのである。また同様に、同じ現実性とともに、哲学は自分の言説とは他なるものにならなければならない。これは時折、移行の中途では、なるほど、詩《ポエジー》でもあろう。しかしより明確に言えば、哲学は愛となるのだ——つまりそれ自身欲望であって、欲望することによってしか知ることのない、知［へ］の欲望となるのだ。

＊

他者の動揺を恐れ［＝動揺し］ながら、しかも他者と共に、自己は欲望の内へと到来する。自己意識とは本質的に欲望である。なぜなら、自己意識は、他者についての意識として、そして他者についての意識から出発する、自己についての意識［＝自己意識］であるからである。自己意識が「私＝私」という直接的な不動性の内に留まっているとすれば、それは意識ですらないだろう。〈私〉を単純に措定することは一つの抽象化なのである。反対に、〈私〉の具体的な目覚めとは、世界への、世界による〈私〉の目覚め——他者性一般という世界への、他者性一般という世界による目覚めである。目覚めとはまさしく、生起する他者の経験なのだ。こうして他者は、それがそこへと生起する物あるいは者として、私を私自身において発見するのである。

自己は他者から到来しなければならない。そして、この到来においてこそ、この到来としてこそ、自己は「自己」、つまり自分自身との統一性でなければならない。この必然性が欲望を作り出す、

★66　おそらく似たような具合になっているのが、突然言説を宙吊りにし、曲解することで『精神現象学』を締め括っているシラーの引用である。

すなわち、「この統一性は自己意識にとって本質的なものとならなければならない。つまり自己意識とは欲望一般である」[★67]。欲望とは意識の必然性である、すなわち、欲望とは意識に固有の統一性が意識に対して到来し、意識に対して生成するという必然性である。したがって欲望とは、欠乏による緊張状態とか、その欠乏を満足によって無化するための投影行為というよりは、むしろ他者の到来と自己の生成との緊張なのである（欲望が直接的な快楽において満たされるとすれば、この欲望は意識の一側面ないし一契機でしかない[★68]）。

自己は対自的である限り、一つの欲望をもつわけでも、複数の欲望を持つわけでもなく、自己が欲望そのものなのである。言うなれば自己は本質的に自己へと生成し、自己は他者の内で自己へと生成する。あるいはこう言ってよければ、自己は他者から自己へと生成する。つまり、自己は他者から自らへと生成するのだ。生成と他者とは切り離しえない。生成とは他者の、他者における運動であり、他者とは生成の真理である。したがって欲望は他者との不幸な関係でさえない。欠乏という不幸のうちには、欲望の孤立した一面しかなく、これは所有ないし消費という満足においても全く同様である。欲望そのものの真理はさらに別のものである。つまり、欲望の真理とはまさしく他者であることであり、生成する自己の無限の他性化としての他性なのである。欲望とは切望でも、要求でもないし、強欲さとか貪欲さといったものでもない。欲望は他者のほかには何ものも要求しないし、その他の何ものによっても満たされない。しかし、他者そのもの、自己の真なる他者とは、要求され、満足され得るようないかなる対象でもないのである。

こういうわけで欲望は、欲望がある対象において、所与のある規定においてそうであるところのものへと生成することはできない。欲望とは他の自己意識を欲望することである。主体とは主体を欲望することであって、欲望の対象というものは存在しない。欲望とは他者の内で自己固有化する生成なのだ。なるほどある意味で欲望が他者の自己固有化であるにしても、他者としての他者の自己固有化なのである。これは、他者を自己固有化しながらも、私は所有や同化とは正反対のことをなしているということを意味する。私は他者を同者へと還元しない。むしろ同者――一面的で閉じた「暴君的な」「自我」――こそが、自らを他者にするのである。

自らを他者とすること、これは諸々の同一性を融合し、混同するという意味で他者へと自らを同一化することでもない。我々はロマン主義的な愛の夢想の中にいるのではない――そもそも、だからこそ我々は、意識間の敵対とか闘争として呈示されるものの中に存在しているのである。しかし闘争が顕現させるのは、それぞれが他方の欲望であるという意識をもっているということである。というのも、他者は、この他者の他者の欲望である限り、私の欲望であるからである。私は他者の欲望を欲望する。つまり、私は他者が私を承認することを欲望する――そして私は、他者が私を、私がそれであるところの欲望として、私がそれであるところの無限の自己生成とし

★67 『精神現象学』、B、「自己意識」、導入部〔『精神現象学（上）』、二〇九頁/Werke 3, S. 139〕。
★68 同書、C、AA、「理性」、B、a〔同書、四〇八頁以下/*Ibid*., S. 271f.〕。

て承認することを欲望するのである。

したがって闘争とは、その実在性が愛であるようなものそのものの現象である。しかしこのことに欺かれてはならない。ヘーゲルはこの現象において、過酷な人間関係を和解させる甘美な見通しを示してはいないのだ。こうした現象は何ら二次的なものではない。この現象によって顕現の必然性が形成されるのだからである。闘争として自らを顕現せざるをえないのは、まさしく愛そのものなのである。闘争はここで何ら過酷さを失いはしないし、この過酷さにおいては権力と搾取の関係が生み出される。「愛」こそがこうした闘争の真理なのだ[★69]と知ったところで、色褪せた友愛を説く気が起こるわけでもない。その反対に権力の不正や無定見は告発されなければならないし、それはそれで否定されなければならない。

しかし、愛は、独占というあり方であれ、献身というあり方であれ、意識が一つの対象へと自らを固定することを許さないのである。他者が一つの対象でしかないとなるや否や、他者は私の対象でしかなく、自己はこの対象の主体でしかなくなる——そしてこの自己がこれまた、他者に対しても自分自身に対しても一つの対象でしかないことになる。それゆえにこそ、欲望においては、「一方の行為は同様に他方の行為でもあり」、「両者は相互に承認するものとして承認し合う」[★70]のだ。欲望における欲望の承認とは、極めて正確に言えば、他処で既に認識され与えられている諸条件へと欲望を帰結させるような、ある対象の承認とは反対のものである。欲望である限り主体は、他者を自己へと帰結させることも、他者の内に自らを見い出すこともない。そうではなく、主体は生成そのものへと生成するのである。ただしこの生成は、あれこれのものへの生成とか、あの生成、この生成としてではなく、それ自身に対する否定性として理解されなければならない。

欲望というものが名指すのはこのこと、つまり自己固有化としての放棄＝脱把握である。しかし、自己固有化とは、固有が放棄＝脱把握として出来するということの把握（「概念」）である。この点で、この把握――放棄＝脱把握の把握――が、意識そのものの事実ではありえないことを

★69『エンチュクロペディー』、第五三五節［『精神哲学（下）』、第一五九節、二三四頁/Werke 10, S. 330］。この節で愛は「国家の本質的な原理」と言われている。これは愛による政治を定義するものではない。この節から、ヘーゲルが「国家」――我々が現在この語で表すように――を、分離した権力機構の止揚と考えていることが仮定できる。言い換えれば、我々［の時代］に至ってもなお、何が主要な政治的主題となるのかを、彼は開陳しているわけである。それは統治の制度や本性といったものではなく、それ自身として考えられた「共同的なもの」の分離と非分離との矛盾であり、したがって、〈他者との共存在〉そのものにおける分離と非分離との矛盾である。したがって、ヘーゲルがその時代に特有の素朴な信頼を国家モデルに寄せていたことには異論の余地はないものの、ヘーゲルは、政治の哲学的なあらゆる基礎付けの矛盾を思惟するための輪郭を提供してもいるのだ。今はその点に立ち止まることはできない［「家族の中で愛の感情である統一と同じ統一がその［国家の］本質である」（同箇所/*Ibid.*）］。

★70『精神現象学』、B、「自己意識」、A［前の引用は『精神現象学（上）』、二一〇頁/Werke 3, S. 146、後の引用は同書、二一二頁/*Ibid.*, S. 147］。

措定することが必然的となる。弁証法的思惟についての最も厳密な言表がしばしば、当惑や苛立ち、拒絶を引き起こすのは、これらの言表が執拗に意識という平面で理解されているからであり――そして同時に、言語において定式化されると、それらは言葉の曲芸として受け取られるからである。しかしこれらの言表は、全く別の平面上で理解される必要がある。さらに正確にいえば、それらは、そのありのままが、悟性《アンタンドマン》によっては理解《アンタンドル》されえないということ、そうではなく、悟性《アンタンドマン》が自らを自分自身から放棄=脱把握することを絶対的に要求しているということが理解《アンタンドル》される必要があるのだ。

　思惟は「思弁的な」ものの境位へと移行することにある。ヘーゲルにとってこの「思弁的」という語が示しているのは、あらゆる所与から自らを引き離す限りでの理念性の自分自身への関係である。[★71] しかしこのことが意味するのは、物=事柄の真理が、その端的な外部としての純粋思惟から理念性へと到来するということではない。「統一性は単に思惟によって諸対象の多様性に付け加わるわけではないし、その結び付きがまずもって外部から挿入されるわけでもない」[★72]。思弁的な意味は、より高次の、謎めいた、晦渋な意義ではない。それは悟性の意味とは別のものである。思弁的意味はそれゆえ、一つの意識の中で、ないしは意識の諸々の表象=再現前の間で自らを把握するのではなく、欲望そのものの内で自らを把握するような意味である。つまり、それは表象ではないような承認、表象されるようなものを何も承認しないような承認なのである。

　自己への生成が自己の放棄=脱把握という把握の内で生じるということはしたがって、奇術ではなく、また他者と同じく空疎で抽象的な「私＝非私」という貧しい同等性でもない。まさしく一つの命題は、命題と――つまり主語と述語の分節化として――みなされなければならないのだが、それは命題の労働、この自分自身に関する言説を汲み尽くす長い労働が、この語の実践的な意味での命題へと至る限りにおいてのみである。つまり、行為であれ、経験であれ、あるいは実践であれ、この把握が現実性の内に生じるという命題に至る限りにおいてのみなのである。

意識の運動の目的は意識ではなく、自己意識の経験の到達点は自己意識ではない。意識の運動が自己の欲望の変容＝他性化である以上、この運動はまた意識の、――その固定点についての、その孤立状態についての意識の――自らの欲望を承認する欲望における変容＝他性化でもある。一つの自我《エゴ》は、あたかも一つの同じ意識が鏡の中で入れ替わったり、一つの同じ表象が分有されるかのように、自らが一つの他我《アルテル・エゴ》によって承認されていることを承認することは決してない。そのような抽象的で冷徹な操作は「私＝私」ないしは「私＝非私」という抽象においてしか生じえない。これはつまり、そのような操作は生じないということである。私が他者によって承認されていることを承認するのは、他者のこの承認が私を他性化する限りにおいてである。これこそ

★71 かくして、「思弁＝投機［spéculation］」は「正当化しうるあらゆる所与を越えて進むような推量、拡大適用」というその日常的な意味に結び付く。『エンチュクロペディー』第八二節、補遺［『小論理学（上）』、二五三頁/Werke 8, S. 178］参照。

★72 『哲学的プロペドイティーク』、第二課程、第二篇、第五節［一五五頁/Werke 4, S. 164］。

が欲望であり、欲望において動揺するものなのである。

*

だからといって、欲望は自己の単なる悦楽なのではない――ただし欲望自体が、試練〔＝経験〕と享受との唯一の内容ではあるけれども。欲望とは労働であり、すなわち「妨げられた欲望」[★73☆38]である。これは欲望が抑制されているということでも、その運動から逸脱しているということでもない。そうではなくて欲望とは、その他者を自らに実在的に与える欲望、あるいは自らをこの他者に実在的に与える欲望なのである。欲望とは、あたかも一つの帰結を待ち受けなければならないかのような、後々へと繰り延べられる享受ではなく、目的や所有の固定性を解消する運動そのものの享受なのだ。労働は「形成する」[★74]とヘーゲルは言う。つまり、労働は欲望の形式を練り上げるのである。制作物はその外在的形式（製作された対象、定式化された思惟、作り出された実存、「個別的な個人の行為とあらゆる個人の行為」[★75]）において欲望それ自身の顕現を形成する――そしてこれは無限の形成なのである。

この無限の形成は実際、諸作品それ自体の、無際限の外在性や蓄積とは混同されない。制作物が制作物であるのは、まさしく所与として放置＝脱措定されるためでも、所有物として存立するためでもない。特殊的な固定性や所有物というものは――無規定や純粋な共同性と同様に――、等しく他者における承認に背くことになる。[★76]制作物は欲望に自己固有化されるときに初めて価値を持つのであって、それ以外のあらゆる自己固有化は単純で冷徹な排除となるのである。

★73『精神現象学』、B、「自己意識」、A［『精神現象学（上）』、二三一頁/Werke 3, S. 153］。

★74 同箇所［同箇所/*Ibid.*］。

★75 同書、C、AA、「理性」C、a［同書、四七一頁/*Ibid.*, S. 310］。

★76 同書、C、AA、「理性」C、c［同書、四八四頁/*Ibid.*, S. 318］。［「したがって私の所有物である個々のものは、普遍的なもの、固定されたもの、永続的なものと見なされる。（…）それは同時に、全ての他の人々によって承認され、そこから他の人々が排除される私のものと見なされる。しかし、私が承認されているということの内には、むしろ私が全ての他の人々と同じであるということ、つまり排除とは全く逆のことが含まれているのである」（同箇所/*Ibid.*）。］

自由 *Liberté*

同等性［＝平等］、いかなる主体においても成り立つ主体＝Xという抽象的な等式としてではなく、諸々の具体的な個別性＝特異性の現実的な同等性──絶対者の絶対的な同等性──としての同等性は、意味の境位であり、欲望とはこの同等性の解放である。概念は実存に到達しなければならないし、[★77]現実的な実存は、「概念の自己への絶対的な回帰と、概念の自己との絶対的な分離が同時に[★78]」行われる現実的な個別性＝特異性でしかありえない。概念化や把握はある普遍性の下への特殊の包摂ではなく、まさに普遍と特殊を否定する（それゆえ抽象的な関係もまた否定する）運動であるが、それは、自らそして対自的に自らを肯定するものだけを肯定するため、つまり、具体的な個別＝特異を、〈ここで今〉、そのものとしてそして分離の具体的な関係の中で実存するものを、肯定するためなのである。それゆえ、把握が個別＝特異によって把握されるのは、その個別＝特異において、すなわち、個別性＝特異性がもつ唯一的で交換不可能なものにおいてである。したがって、この唯一性が他者の中における、あらゆる他者の中における欲望と承認の唯一性であるような点においてもまた、把握がなされるのである。諸々の一者と諸々の他者──

諸々の一者はすべて、あらゆるものに対して他者であるのだが——は互いに、欲望において等しいのだ。

このようにして、欲望とは個別＝特異の自由である。だがそれは、個別＝特異が「概念の絶対的分離」にしたがって把握される限りにおいて、すなわち、唯一の「自己回帰」から切り離され、同一的なものの単純な自己回帰から切り離される限りにおいてである。

概念において一切は必然性として把握される。つまり、自己から自らを分離しながら自己が自己へと回帰することは必然なのである。この点では、「自己」は必然性そのものの名称であり、自己の運動は純粋な論理である。そうすると、ヘーゲルの思惟は「汎論理主義」である、あるいは、絶対者の非人間的メカニズムの体系である、と性急に結論付けたくもなるだろう。だがそうなると、必然性がそれ自身で、ある必然性や十分な理由をもたなければならないということを忘れることになる。むしろこうしたことを、哲学はロゴスという言葉で初めから意味してきたのだ。ところで、こうした必然性の必然性、これこそが自由なのである。

実際、自由とは、いかなる固定、いかなる規定、いかなる所与、そしていかなる固有性からも

★77 『エンチュクロペディー』、第三五九節［『自然哲学2b』、六一四頁/Werke 9, S. 469］参照。
★78 『大論理学』、第三巻、［第一篇］、第一章、B［『大論理学3』、六四頁/Werke 6, S. 288. 正確には「概念の自己への絶対的な回帰と、同時に概念自身の措定された喪失」］。

即かつ対自的に切り離されているという必然性の名称である。しかしさらに言えば、このように切り離されているといってもこれは、それ自体において固定された独立としてではなく、いかなる規定性とも直に接する離脱の運動としてである。この必然性そのものを露呈することによって、強制的な論理の形式がこの必然性に付与される。しかし、この必然性の真の内容が「最も自由で最も独立した対象[★79]」であることもまた露呈されるのだ。

概念と思惟一般の必然性――ロゴスの必然性――は、自由の絶対者が自らをそのものとして、絶対的な強制として露呈するために取る形式である。けれども、自由はこの形式の下で、もっぱら来るべき秘密として、あるいは神の国の中に位置付けられた秘密として隠されているのではない。自由《リベルテ》の本義は、形式の必然性がそれ自体でさらに自らを解体することにあり、また、「内容」がそれ自身に対してその唯一の「形式」、つまり自己の解放《リベラシオン》の具体的で個別＝特異的な顕現であることにある。

自由は、したがって、所有物［＝固有性］や権利として与えられるものではない。自由は何ら所与のものではない。つまり、自由とは所与の否定であり、規定された諸々の権利や自由によって定義付けられているに過ぎない「自由な主体」といった所与をも含めた所与の否定である。自由は主体が自己固有化することのできる或るものではなく、自由それ自体が主体の自己固有化なのである。ヘーゲルが自由に関してスピノザを参照するのは[★80]、ヘーゲルが、自分の行為の実在的な諸規定を知らないがゆえに自分の行為を支配していると信じている人々が抱く自由の幻想とは区別された、絶対者における唯一の真なる自由についての思惟を、スピノザにおいて認めるからである。自由意志は自由の一つの契機や一つの形象でしかない。というのも、この自由意志の中には、様々な選択を支配している主体の与えられた固定性が存立し、この固定性が優勢でさえあるからだ。私を自由なるものとして肯定しながら、私は「自己の許にある主人」であるこうした自我の立場［＝措定］に固着するのだが、こうした固着によって私は既に自由を奪われてしまっているのである。

自由とはもちろん独立ということなのだが、ただしそれは、何であれ政治的あるいは家内的な専制君主に対するのと同じような「暴君的な自我」に対する独立である。自由とは確かに自律であるが、しかし自由が己れに与える法、それはまさに自由それ自体である。それゆえ、自由がそれ自体、対自的に法であるならば、自由とは全く法を持たないということなのである。一般に、法は「普遍的な諸規定の関係」[81]である。〈このもの〉が（物理的法則においては）普遍的な条件

★79 同書、第二版の序文。

★80『エンチュクロペディー』、第二版への序言［『小論理学（上）』、三〇頁以下／Werke 8, S. 20ff.］。［「もし、この［スピノザの］体系において人間、あるいは人間の実体との関係もまた登場し、悪が善との区別においてのみ、その場を持ちうると述べられている箇所を目の前にしているとすれば、エチカの内で、悪や、感情や、人間の隷属や自由が扱われている箇所をよく読んでいるに違いなく、この体系の道徳的な帰結について語ることができるのである」（同書、三二頁／*Ibid.*, S. 21f.）。］

に普遍的に従って存在すること、あるいは（道徳的法則においては）普遍的条件に従って存在すべきであることを、法はその都度措定する。このようにして、「法の差異とは内的な差異である」。すなわち、この差異は普遍性《ジェネラリテ》と異なった特殊性ではなく、〈このもの〉が一つの普遍［universel］であること（例えば、物体は重さを持つこと）なのだ。それゆえ、対自的に法であることは自己であること以外の何ものでもない。これはつまり、内的な差異、あるいは「一つの差異ではない差異」なのだが、差異の純粋で単純な不在、「自己自身」の堅固な統一ではなく、むしろ「それ自身における差異」、自己の全き顕現をなす自己からの外出である。

自由とは自己の外に自己を措定する法、あるいは必然性である。かくして自由とは、まずは法なしに自らを措定するものの法であり、それゆえこれこそが、まさしく、法なのである。もっとも、この法——顕現、あるいは媒介——は法として表象されえないのだが、それは、（物理的、道徳的）法［則］が常に「否定性のざわめきを知らない穏やかな像[★82]」であるためである。自由とは否定性そのものの措定なのだ。

このような「措定」は、措定された存在［＝被措定有］、所与として放置［＝脱措定］された存在とはまさしく反対のものであり、能動的な意味においてすぐれて「措定すること」であるので[★83]、自由とは措定である……無の。自由とは解放である……すべての。絶対者の必然性と絶対者の無秩序《アナーキー》。

ここでもまた、弁証法の見かけ上の容易さに欺かれてはいけない。ひとは相変わらず、あまりにも性急に、はぐらかしだと言い立てることだろう。自由に関するヘーゲルの思惟は最も難解なものである。それはこの思惟が、「自由」という言葉がその軌跡をなす難問《アポリア》をすべて集約し、束ね上げているからであり、また、この思惟が同じこれらの難問《アポリア》の解放を指し示そうと努めるからだ。自由は優れて、意識や悟性が所与として期待するものの概念である——それは何ら所与ではないものの概念、非—所与の、与えられ得ないものの概念そのものでなければならないにもかかわらず。ここで、思惟は力強く言明する、あなたは自由にならなければ［＝自由へと生成しなければ］ならないのに、あなたは自由を所有することを要求している、と。

＊

これはまた、絶対者の自由、つまり自由における絶対者が、ヘーゲルが恐怖政治において読み解いたような「絶対的自由」とは全く別のものであることの理由である。この絶対的自由は自分自身を絶対的なものとして措定する自由である。それゆえこの自由は、自己自身との純粋な同等性を、無媒介に普遍的な意志であることとして、あるいはこうした自己との同等性を法によって

★81　同書、第四二三節［『精神哲学（下）』、四七節、三一一頁/Werke 10, S. 211］。
★82　『大論理学』、第二巻、第二篇、第二章、A［『大論理学 2』、一八〇頁/Werke 6, S. 154］。
★83　概念によってヘーゲルが「措定」に付与した意味。概念は把握し、措定する。ただし、概念が措定するのはその活動性そのものである。

無効化された純粋な差異として内包することとして措定する。したがってこの自由は、現実的な実存の個別性＝特異性や多様性とは疎遠なものである。法律的、経済的、政治的、そして道徳的な形式の下では、自由に対する純粋な「自己確信[★84]」はまさにその非現実性でしかない。したがって、この自己確信が自らを現実化しようとするとき、自己自身との具体的な不等性は諸々の具体的な主体の不等性と等しい。

数々の監視体制や専制君主制からの解放［délivrance］という経験は、まさにヘーゲルの時代の経験だったのだが、これは程なくして別の経験に関わることになる。つまり、自由な主体の立ち上げが、絶対的にそのものとして即自的に価値をもちながらも、解放［émantipation］の運動そのものの疎外であるという経験である。この主体が、個人あるいは集団として、世界の進展についての法則あるいは普遍的な道徳についての法則として表象されることによって、諸々の個別＝特異的な自由の具体的な生成とこれらの互いを通じた生成の運動とが同時に、この抽象的な所与の中で固着してしまう。自由は、法によって明確にされた意味で、法を為すことはできないし、自由があらゆる法の止揚として現実化されるのは、あらゆるものの具体的な同等性によってでしかない。つまり、それは法的な同等性としてではなく、〈私の自由―存在〉の、その都度具体的で個別＝特異的な自己固有化の実在的な同等性としてである。〈私の自由―存在〉は、〈あなたの自由―存在〉とも、〈我々の自由―存在〉とも、〈相互―自由―存在［un-être-libre-l'un-avec-l'autre]〉とも具体的に切り離されることはできないだろう。

自由とは〈〜との自由＝共自由［liberté avec］〉なのであり、そうでなければ自由とは何ものでもない。というのも自由はある主体の独立でも、自律でも、自由意志でもなく——また同様に、対立なく並置された複数の主体を想定したとして、それらの主体の独立でもなく——、主体の解放であるからだ。つまり、自由は存在の稠密さからの主体の外出であるからだ。自己に関して、自己が自由であると言うことができないのは、そのような存在が即自的に自由の否定であるためである。自由とは逆に、この否定の否定、あるいは自分自身に対する否定性である。「純粋理念とは絶対的解放である」[★85]。自由《リベルテ》が解放《リベラシオン》であり、所与の自由でないのは、自由《リベルテ》がその他者において、他者によって自らを解放《ス・リベレ》するからである。こういうわけで、承認の運動は解放の運動でもあるのだ。

自由と否定性はかくして、相互に露呈＝外措定し合う。一方において、所与や即自存在の否定、つまり、それが生成や顕現、欲望へと入っていくことは他ならぬ自由へと進展する——より明確に言えば、所与の自由へ、またさらに明確に言えば、所与の解放へと進展するのである。ひとえに否定とはこのような〈直接—存在から自らを解放する〉運動である。だから否定性とはまず何

★84『精神現象学』、BB、「精神」、B、cとC［『精神現象学（下）』、一一七頁以下/Werke 3, S. 431ff.、特に同書、二二八頁/*Ibid.*, S. 466］。

★85『大論理学』、第三巻、第三篇、第三章［『大論理学 3』、三七八頁/Werke 6, S. 573］。

よりも、自分自身の解放によって存在に空洞を穿つことに他ならない。また他方において、解放は対自的な否定性に他ならない。なぜなら解放とは存在の即自的な留保であるこの単純な否定の否定だからである。

　このようにしてヘーゲル的な否定の優位が正当化され、「否定の否定」という定式の決定的な性格が正当化される。すなわち、第一の否定は所与の措定であり、その固定性は意味の運動を留保し、凝固化し、無効化する。存在が即自的に無であると措定することは、思弁的な理念性が実在全体を飲み込んでしまうような深淵を開くことではない。逆にそれは、即自的に考察された自己の根本的な不充分さを措定することであり、さらには実際に、それ自身で自己を考察することの不可能性や、実体として、基体的存立として、断言や確信として自己を承認することの不可能性を措定することでもある。第一の否定は既にして自由であるのだが、この否定はただ否定的に示されるだけである。私がこの最初の真理へと浸透したならば、「例えば」石も自我も単なる定在や同一性（例えば私の名、しかしまた、私がもつ私のイマージュ）とはみなされないならば、この浸透は既に解放なのである。そして浸透は〈このもの〉の把握からの解放、自己が現にそこには存在しないということ、〈現にそこに与えられた存在〉という形では存在しないことである。

　第二の否定は第一の否定が単純に有効であるということを否定する。つまり、純粋な無性、深淵や欠如を否定するのだ。第二の否定は生成や顕現、欲望の肯定的《ポジティヴ》な解放である。したがって、これは自己の肯定なのである。しかし、解放を行なうこうした肯定は出発点への——派生した所与、途上での一時的な委託、呈示＝現前化の束の間の瞬間でしかなかった石や私への——回帰ではないのだから、この肯定は新たな単純な措定《ポジシオン》でもない。この肯定は現勢態における無限の否定性である。石が、そこ、［例えば］道端というその位置《ポジシオン》［＝措定］から外れてしまったからといって、それが自由になったと私は言うことができないし、同様に、私の名目上の、想像的な同一性とは異なるものとして私が承認されたからといって、私が自由になったと言うことはできない。石も私も（あたかも自由が結果でありうるかのようには）自由へと生成したわけではない。そうではなく、私が手にするパチンコの石や私が築いた壁の中の石、あるいは彫刻家によって我々の目にさらされた彫像の中の石は、その外在性から自らを無際限に解放し、何らかの歴史へと入り、多様な方向［＝意味］へと向かって行く、そしてまた、我々も石と共に同じことを行っているのである、このような帰結がさらなる解放である——これこそが否定性の意味するものである。

　しかしながら、この帰結は無際限性そのものではない。つまり、ある意味から別の意味への、ある用途から別の用途への、ある同一化から別の同一化への抽象的な循環である「悪無限」、最終的で、至高で全体的な自由（和解した自然と歴史、要請された目的の王国）を常に探し求めている「悪無限」ではない。これは現勢態における無限者なのだ。現前そのものの現在における解放、したがって個別性＝特異性そのものの顕現なのである。もちろん、存在への回帰はある。既に述べたように、自己とは自己への回帰であるからである。ただそれはこの石であり、私であり、我々である。それはこの世界に他ならないのである。

＊

ところで、「絶対的解放」は次のことを意味する。つまり、回帰は何ら所与のものへの回帰ではなく、自らを与えるものとしての所与への回帰、すなわち、「自己」が自らを与えること以外の何ものでもない限りでの「自己」への回帰であるということである。したがってこう言ってもいいだろう、これは世界への回帰ではなく、世界の創造への回帰である、と。それゆえ、「回帰」などというものではなく、無限に自らを解放するものの無を起点とした、さらなる解放である。だから、自由としての否定性の、あるいは「それ自身に対する否定性」の究極の意義はなおも否定である。それは、ありのままの世界の歩みを歓迎したり、祝福したり、聖別したり、容認したりすることではない。また、「美しき魂」[★86☆39]が教訓として示す無力さでもって、世界の歩みをそのあるべき姿に釣り合わせることでもない。それはしたがって、この世界の歩みをさらに解放することなのである。かくして、法的、社会的、政治的なこれこれの体制によって我々が自由で平等［＝同等］になると言うこともできないだろう。自由と平等［＝同等性］は常に法の外在性に対立しているのだ。

　このことが意味するのは、解放は、いつの日かその所与的な結果となり、その法として呈示［＝現前化］され、ある形象において具体化されるようないかなる自由のためのものでもないということである。この意味において、解放とは何のためでもない＝無のための解放であり——かくして、「意義のない死」ではないような死のための解放である。

このような死は少なくとも、また何よりも、もう一つの所与として外から到来して、私の現前を単なる一つの所与へと還元しないような死である。死とは課せられた死ではありえず、個体性が単に自然的で直接的なものとして自らに与える死でしかない。[★87] 個体性が自殺するというわけではない、つまり、個体性は外から、疎遠で抽象的な主体から自分自身を扱うわけではないのである。そうではなく、個体性は、かつてはその所与すべてをなしていた直接性において、また直接性へ向かって死ぬ。このことによって死が有する不気味さ［＝不安にさせる疎遠さ[☆40]］が取り除かれることはない。逆にこのことこそが、死を絶対的に不安なものにし、また、この思惟の中に滞留し、この浸透の中で生成しなければならないという強烈な矛盾、絶対的な苦痛を引き起すのである。

かくして思惟しなければならないのは、死がそれ自体を越えた意義を、その目的＝終末を越え

★86『精神現象学』、BB、「精神」、C、c［『精神現象学（下）』、二二五頁以下/Werke 3, S. 464ff.］。

★87『エンチュクロペディー』、第三七五節［『自然哲学2b』、七〇一頁以下/Werke 9, S. 535ff.］。戦争に関して言えば、ヘーゲルは我々のものとなった戦争についての知覚を確かに持っていない。これについては特別に展開する必要があるだろう。

た基体的存立、つまりは死後の生としてもつということではない。このような意義はなおさら一つの意義でしかないし、当然のようにこの意義は、他の即自的な基体的存立に結び付けられた意義、ドラマ全体、過程全体をただ再演するだけの意義でしかないだろう。思惟する必要があるのは——このことが思惟そのものなのであるが——、「意義のない死」ではないような死というものは、意義の無が固有な「自己」を自己固有化する運動、意味の真理の〈把握—と—浸透〉であるという仕方で、なおも意義のない死であるということである。

この運動は自己においては表象されえない。つまり、これはその固有の［＝それ自身の］生成であり、その顕現、その欲望である。そもそもこのようにしてこそ、主体は表象一般の主体ではなく、無限の自己固有化の主体、他者におけるこの自己固有化の主体であるのだ。この運動は表象されるのではなく、他者の中で措定される。最も直接的な方法、喪の営みや埋葬行為において他者たちは自己固有化を証言するのだが、それはこの自己固有化が即自的な自己意識の自己固有化ではなく、直接的な特殊性の外に零れ落ちる個別＝特異的な自己固有化である限りにおいてである。[★88]まさにこうして、死とは出来事、つまり〈自己の外〉であるような固有を自己固有化する出来事なのである。他者のうちへの移行、つまり移行そのものとしてしか引き渡されえないものによって、他者へと、全き他者へと、すべての他者へと引き渡される絶対的な移行なのである。私の死が私のものであること、したがって「精神の滞留」であること、これを承認するのは他者である。つまりそれは、個別的＝特異的で絶対的な欲望がこのことを通じて移行したということの無限の承認である。

かくして出来事は、「完全に自由な顕現[★89]」の中への浸透という出来事に他ならない。そのようなものとして出来事は、誕生という出来事とも、世界創造という出来事とも、実存者一般［＝普遍としての実存者］――すなわち個別＝特異としての実存者――の生起という出来事とも異なるものではない。まさにこの出来事こそが思惟として賭けられているのだが、それは我々がこの出来事を真理として呈示されたその形式的な側面からのみ把握する限りにおいてである。だが、単なる所与が拒否される度に、所与の死が拒否される度に、あらゆる「暴君的な自我」が無の法を課すということが拒否される度に、まさにこの出来事が現実的な解放として賭けられるのである。

それゆえ――回帰や即自についてさらに語りうるとすれば――、即自的な自由の回帰は、それによって思惟がその都度開始されるゆえんの決断への回帰以外の何ものでもないだろう。〈私〉は絶対的に無規定なものであるのだから、〈私〉は自らを決断していなければならないだろう。これは、その主観性がそなえる自由意志に与えられたさまざまな可能性の中で選択を行なうためではない。というのも、このような主観性は存在しないか、一面的な抽象でしかなく、それゆえ何も主観性に与えられないからだ。そうではなくて、〈私〉はまさしく、それに対して予め何も

★88『精神現象学』、BB、「精神」、A、a［『精神現象学（下）』、一二三頁以下/Werke 3, S. 328ff.］参照。
★89『大論理学』、第三巻、第一篇、第一章、A。

与えられないし、規定されていない「主観性の無限性」★90、下敷きがあるような「善」や「当為」のない無限性として自らを知らなければならないだろう。〈私〉は「それゆえ、選択し、決断するものとして自らを知る」のであり、これはまた、現勢態における無限者として自らを知ること、つまり生成でもある。

私はしたがって、提示された諸々の可能性に向かって決断することはない。私は自分の決断においてしか「私」として実存しないからである。だが、自由な決断の真理と意味とは、私が私を決断すること、私が私について決断すること、より明確に言えば、私が私の普遍的《ユニヴェルセル》な無規定性から外出すること、私が私の無限性を個別性=特異性として実在化することである。「私自身を起点として」あたかも私が自由であるかのように私が決断するのではなく、私について「=から」、私に対して「=を越えて」、私は私を解放しながら決断するのである。自らを決断すること、自らを解放すること、自らを与えることは同じことである。つまり、開花している自己の外の自己、顕現一般の至上の顕現なのだ。

〈予め〉というものがなかったのだから、私が選択したことを私が「予め」知ってしまっているということはないだろう。しかし私は、その都度、決断しながら、決断するものとして自らを知る私の個別性=特異性そのものについて決断する。一方で、この自己知は「直接的な自己との純粋な同一性」、したがって「主観的な関心」として自らを措定する。「悪」というのはこのことである。また一方で、この自己知は、この同じ決断する同一性だが、即自に自らを引き留めない同一性、純粋な同一性ではなく、まさしく、他者としての自己の決断である同一性として自らを措定する。「善」というのはこのことである。——ただし、これは所与、現在のもの、性質を持つものとして明確に指し示すことはできないのだが。決断する主体は自ら決断することによってのみ主体であるのだが、これは、「私＝私」という純粋な規定性であろうと、また「私＝他者になること」という無限の規定であろうと、非規定的に自らを決断するのである。

決断の自由とは、終えるためあるいは始めるために思惟が浸透しなければならない当のものである。ただし、思惟がただ「思惟において」のみ決断に浸透しなければならないわけではない以上、思惟の具体的な行為にすぎない決断の真理に浸透したからといって、哲学することを決断したというのは不十分である。また、哲学することの決断は、ひとえに行為の形式がどのようなものなのかを露呈させること——そして、この形式自体が内容として現実化されなければ未だ何ものでもないことを露呈させるに至るのである。形式的に露呈され得ることはすべて、決断が自己と他者の間でなされるという命題に還元される、と要約していうこともできるだろう。ただし、この場合は次のように付言しなければならない、すなわち、この「自己と他者の間で」とは、

★90『エンチュクロペディー』、第四二七節、そして第四二八節から第四三〇節まで〔『精神哲学（上）』、第五一節、四一頁以下/Werke 10, S. 217ff.、および第五二節から第五四節まで、四三頁以下/*Ibid.*, S. 216ff.〕。

「所与の直接的なものと所与でない無限者との間」で、ということなのだと。一方ではしたがって、自己はその決断の内容全体として自らを把握し、自らを知り、自らを確証する。他方で自己は、他者の、他者の中での無限の承認に向かって決断してしまっている。だがこのことを自己は知らないし、これは自己が所有する知ではない。また、自己は自らを「善」として知ることもできないし、知るべきでもない――所与の同一性や道徳的な想像物の中に再び陥いらない限りは。

決断とは具体的な個別性＝特異性がなす行為であり、解放の生成である。この決断の知こそが絶対知である。これは人格としての全体に関する絶対に具体的な知であり、この知はあらゆる自己確信の自立と堅固さを絶対的に否定する。不安の知、休止なき知――これこそが知であり、これ以外に知というものはない。

我々 *Nous*

この知は即かつ対自的な絶対者の知にとどまるような知ではない。この知は、絶対的な他者であるような主体の知ではない。また、純粋な論理、純粋な生成、純粋な決断の中で即自的に自らを観想し、いかなる外在化や疎外からも自己へと常に回帰する〈自己〉でもない。

しばしば、ヘーゲルはこんなふうに読まれてきた。ヘーゲルは我々とは疎遠で匿名の〈主体〉や〈理性〉の自己発展、自閉的で、その上、所有と保安の個人主義的主体の幻影的相関者に過ぎない〈自己〉の大いなる〈他者〉を示したのだ、と――そしてまた、この二つはいずれもが互いの鏡となり、いずれも同じだけ愚かで悪意のある二つの主体である、と。

しかし、顕現の知、他者の欲望の知、決断の知であるべき自己知の真理は、単に自己へと還帰するにすぎない真理ではありえない。真理はそれ自体で真理の顕現、真理への欲望、真理への生成――あるいは真理の意味でなければならない。このようにして、まさに我々へと［à nous］、真理は回帰する。まさに我々として＝に類似して、真理は自らを見い出すのであり、我々へと、真理は帰せられるのである。

「我々」とは二つのことを意味する。

1）「我々にとって［pour nous］」ある知は単に「意識にとって」[★91]あるのではない知である。実際には後者は単に対象についての知にすぎず、だから自己意識としてもなお意識は、対象として、その相関者のままである自己の他者として自己をもつ。この他者の真理に関する知、つまり〈自己の外への移行〉の真理に関する知は、意識が、意識としては、その経験そのものにおいては知らずにいるものに関する、我々にとっての知である。意識にとっては孤立した表象や意義にとどまるものの意味や真理は、我々にとって、ある。

しかし、我々とは誰なのだろうか。まず第一にそれは、ヘーゲルと共に、まさしくここで、思惟という労働を行う我々であるように思われる。このとき、「我々」とは哲学者を指し、あるいは哲学の教えを理解した人々、共通の意識から逸脱するものを把握する、より洗練された意識や知を指すように見える。思惟が純粋な思惟のままであるべきではないとすれば、このような見かけは消えてしまうべきであろう。

なるほど、意識がその経験の運動の中で、この運動についての知を、固有で分離した知として呈示＝現前化しないことは正確なことだろう。しかしながら、絶対知が知るものは「生まれることと死ぬこととの運動」に他ならないということも同様に正確なことである[★92]。この知は移行の知であり、しかも、対象としてではなく、主体そのものとしての移行の知である。それはこの移行そのものであり、「我々にとっての」知は共通意識の知と本質的に同じものである。しかしながら、共通意識とは「我々にとっての」知の顕現と生成以外の何ものでもない。

　したがって、「我々」とは哲学者たちの協同を意味するわけでもなければ、より高められた知の観点を意味するわけでもない――そしてそれは、より明確に言えば、「我々」とはまさしく我々であり、我々すべてであるのだからである。哲学の契機――その知の、その労働の、その固有の受忍の契機――がまず、分離された契機として、思惟の抽象的な規律として、読むことが困難で、再び読まなければならないか、意味に浸透するためにその読解を抹消しなければならない書物――しかしこの読解も、分離した行為として、真理の経験に不可欠であるわけでは決してないのだが――として措定されなければならないということ、[★93] それゆえ、この分離が必然的であるということは、以下のことを述べるためでしかない。つまり、まさに我々が問題であるということ、そして、「哲学」として我々の前で演じられている真理や意味が我々にとってのみ真理や意味をもつということである。

　哲学は真理や意味を我々に与えることに専心しているというわけでもない。というのも、そうなると真理や意味は我々にとって所与でしかないし、我々はこの所与をどうすることもできない

★91 『精神現象学』、緒論［『精神現象学（上）』、一〇〇頁以下/Werke 3, S. 68ff.］。
★92 同書［同書、六四頁/*Ibid.*, S. 46］。
★93 同書、序文。

だろうからである。そうではなくて、真理や意味が我々にとって、我々すべてにとって存在しているのである。つまり、それらが真理や意味であるのは、ただ我々において、我々の具体的な実存においてである。そしてそれは、これらの実存が分離した諸個体の実存ではなく、運動や生成、欲望、決断を互いに分有する個別性＝特異性の実存である限りにおいてである。

2）「我々」は以下のように定義される。「絶対者は初めから即かつ対自的に我々の傍らに存在し、存在しようと欲する」[★94]。〈自己に即して―自己に直に接して―自己の傍らで―自己に対する「自己」［《soi》en-à-même-auprès-de-pour-soi］〉の全体的な運動は、我々との近接性の運動ではないのならば、いかなる意味ももたないだろう。「～の傍らに［Auprès］」（あるいは「～の許で［chez］」）は、我々の間において、即かつ対自的にさえこうしたことが生じるわけではないということを意味する。個体の〈即自対自〉の中ででもなく、世界の包括的な〈威力〉の〈即自対自〉の中ででもない。自然も、歴史も、資本も、技術もこのような威力であることはできないし、神々もこのような威力から我々を助ける他の威力であることはできない。むしろこれらの形象はすべて、その規定性によって、あらゆる「自己」、あらゆる自己確信の分離や分解に我々を露呈させる。まさに我々こそが露呈されており、かくして、まさに我々へと我々は露呈されているのだ。

我々へ［À nous］。つまり、我々の諸実存の生起へ、共に、意味の生起として。世界が不動の重さにとどまるものではなく、まさに不安として自らを顕現するものであることの生起へ。不安とは単に我々の不安なのではない。不安そのものが「我々」なのであり、つまり不安は諸々の個別性＝特異性そのものの個別性＝特異性なのである。

「我々」は、絶対者がそれ自体、他のものや他の自己としてその傍らにあるような或るもの――対象や自己――ではない。逆に、絶対者が我々の傍らに存在し、そして存在しようと欲することは、絶対者が我々の「我々の傍ら」であり、我々の〈我々―間［entre-nous］〉、我々の顕現、生成、欲望の〈我々―間〉であることを意味する。

絶対者は我々の間にある。絶対者は我々の間に即かつ対自的にある。だから、自己そのものが我々の間にある、とも言えるだろう。ただし、「自己そのものは不安である[★95]」。我々の間では、何ものも休止することはできないし、何ものも現前や存在を確証することはできない。我々は、それぞれが互いの中へと、また同様に、それぞれが代わる代わる移行する。それぞれが共にあり、それぞれが互いに傍らにある。絶対者の傍らとは、我々のそれぞれの傍らに他ならないのである。我々は「自己措定の固定性[★96]」を失うことを止めない。我々がそうであるところの、そして（たとえ意識が自己やその諸対象しか欲していないと思い込んでいるとしても）我々が欲望するこの非―休止の中に絶対者の近接性がある。所有でもなく、併合でもなく、近接性そのもの、切迫と

★94 同書、緒論［同書、一〇二頁／*Ibid.*, S. 69］。
★95 同書、序文［同書、三七頁／*Ibid.*, S. 26］。
★96 同書［同書、五一頁／*Ibid.*, S. 37］。

露出、律動の打撃としての。[★97]かくして意味の移行は脈を打つ。時間の間隔として、我々の間で、実存の控えめな承認という、束の間の律動的な目覚めの中で。

一九九六年八月、サン＝ロレンツォ

★97 同書［同書、八二―八三頁/*Ibid.*, S. 59］。

訳注

☆1「不幸な意識」とは、ヘーゲルが『精神現象学』、B、「自己意識」、Ⅳ、B「自己意識の自由 ストア主義、懐疑主義そして不幸な意識」の中で展開する自己意識の一形態。この不幸な意識に先立つ二つの意識のうち、一方のストア主義は自己同一的、主観的自由の意識であり、他方その現実化としての懐疑主義は同一性を欠いた移ろいゆく意識であった。それに対しこの両者を一つの意識の内に内面化した意識が不幸な意識である。その限りで、この意識は一つの意識でありながらも、以前の二つの意識の矛盾をそのまま抱えて、二つに引き裂かれているため不幸であるとされる〔『精神現象学(上)』、二四六頁以下/Werke 3, S. 163ff.〕。

☆2 本書では déplacement を「転位」と訳したが、この語はヘーゲルの「置き換え(Verstellung)」に対応していると思われる(『精神現象学(下)』、C、「精神」、Ⅵ、C、b.「置き換え」、二〇八頁以下/Werke 3, S. 453ff.)。『精神現象学』のこの箇所でヘーゲルは、道徳的対象(ナンシーがここでいう「目的」)を到達し得ない彼岸に置くカントの道徳論を批判している。他方、「意義を奪われた死」は、この「置き換え」よりも前、つまり同じ『精神現象学』精神章Bの最後に、フランス革命の恐怖政治によってもたらされる死を表すために用いられている。したがって、ナンシーがここで、「この転位は『意義を奪われた死』の可能性、つまり意義そのものの死の可能性を知っている」というのは、この『精神現象学』の叙述に従って、ヘーゲルの精神が、フランス革命における自由の恐怖を経て、カントの道徳性の立場に至ったことと対応している。

☆3 épreuveには「試練=経験」、éprouverには「試練にかける=経験する」、場合によって「経験する=感知する」という訳語を当てた。仏語 sentir が最も一般的な意味で使われ、視覚・聴覚以外の感覚で感じることを表すのと比べて、éprouver は快感や苦痛などを感じること、あるいは何らかの感情を抱くことを表すのに用いられる。つまり、比較的強い感情や衝動を動作主が被る状態を指す。ところで、『精神現象学』が当初、「意識の経験の学」と題されていたことから、ヘーゲルが「経験」という要素を重視していたことが分かる。ナンシーがこの語を用いる時、精神が世界史という試練にかけられ、また、その中で自己を経験していくという過程が踏まえられているので、以上のような訳語を当てた。

☆4 「不安」とここで訳した inquiétude は副題にも見られるように、ナンシーのこの著作の鍵をなす概念である。この語は、通常、「不安」や「心配」、「懸念」を意味し、息苦しさや動悸などの身体的特徴を伴う最も強い不安である angoisse と比べれば、やや一般的な意味での「不安」を表す語である。ただし、本文から明らかなように、ナンシーはこの語を「静止 (quiétude)」の否定と解し、ヘーゲルの Unruhe に対応させ、確固とした基盤を欠いた不安定な状態を表すために用いている。

☆5 ここで実存と訳したのはフランス語の existence であるが、この語はドイツ語の Dasein と Existenz 両方に対応している。Dasein はヘーゲルでは普通「定在」、ハイデガーでは「現存在」と訳され、Existenz は「実存」「現実存在」などと訳される。本書では、ナンシーがフランス語の existence を個々の箇所で Dasein と Existenz どちらの意味で用いているのか必ずしも明らかでないため、一貫して「実存」と訳すこととした。

☆6 ドイツ語の「概念」Begriff は「把握する」begreifen に由来し、ナンシーはヘーゲルがこの両者の結びつきを重視していることに注意を促している。

☆7 ［ ］内はドイツ語原文による。

☆8 exposer には、基本的に「露呈する」という訳語を当てた。ただし、ナンシーはこの語を、「poser（措定する）」と関連付けて「ex-poser（外部に措定する）」という含意で使用しているが、文脈においてこうしたニュアンスが特に強調されていると考えられる場合にのみ「露呈させる＝外措定する」と二重表記することにした。ただし、それ以外の箇所でもこの言葉は常にこうした含意をもって用いられていると考えられるので、読者はこのことに留意していただきたい。同様に déposer は「放置する［＝脱措定する］」、reposer は「休止する［＝再措定する］」と必要に応じて二重表記した。

☆9 présenter は本文（二三頁）にあるようにドイツ語の darstellen の仏訳語であり、通常は「呈示する」と訳した。しかし、他方で「表象する（représenter, vorstellen）」の対概念としても使用されているので、対比を際だたせたい場合には前者は「呈示＝現前化する」、後者は「表象＝再現前する」と訳すこととした。

☆10「真理は全体である」。ヘーゲル哲学の特徴を表す言葉として頻繁に言及される一文［『精神現象学（上）』、三四頁／Werke 3, S. 24］。

☆11 singularité を「個別＝特異性」と訳すことにする。この語は、ドイツ語の Einzelheit の仏訳として用いられ、ヘーゲルにおいては普遍（Allgemeinheit, généralité）、特殊（Besonderheit, particularité）との関係において個別性と訳されるのが通常である。

ところで、ナンシーは既に本書以前に、singularité あるいは L'être singulier という語を、「個人（l'individu）」や「個体性（l'individualité）」と厳密に区別するために用いている。西欧近代社会が創出した個人という観念は、確固たる輪郭をもった個としての人間のあり方を示してきた。そして、こうしたそれ以上分割できない原子（アトム）としての個人を出発点として、各々の個人を結び付ける原理として共同体がしばしば構想されてきた。これに対して、ナンシーは自立した個人あるいは個体性という意味ではなく、「有限な存在」という意味で singularité という表現を用いる。singularité は、他者の死、私の誕生そして私の死という三つの契機によってその有限性を呈示され、この有限性は諸々の singularité が共に実存する契機をなす。singularité は自らの有限性に曝される限りにおいて、他の singularité に触れている。この有限性を分有することによって、諸々の singularité は根源的に共同で存在しているのである。

このように、ナンシーが singularité に個という観念を批判・検討する意味を担わせてきたため、ヘーゲルの文脈に即してこの語を「個別性」とだけ訳すとナンシーの意図が伝わりにくい恐れがある。また、彼の著作の日本語訳において、この語に「特異性」という訳語が当てられてきたため、既訳との連関を示すためにも煩雑さを厭わず敢えて singularité を「個別性＝特異性」と二重表記することにした。ナンシーの singularité の思想はドゥルーズ、デリダ、アガンベン、バデュウなどから影響されたものと思われる（*cf.*, *Être singulier pluriel*, Galilée, 1996, pp. 48-49）が、その解釈に関しては、『無為の共同体』（西谷修・安原伸一郎訳、以文社、二〇〇一年）、四九—五七頁、『自由の経験』（澤田直訳、未來社、二〇〇〇年）、一〇〇—一〇二頁などを参照されたい。

☆12 本書では、ナンシーがここで重視しているヘーゲルの自己言及的表現のニュアンスを残すため、se décider pour を「自らを〜に対して決断する」と敢えて訳すこととする。ただし、この言い回しは通常、「〜に決める、〜を選び取る」という意味を持つ慣用的表現である。

☆13 ヘーゲルの哲学における人間の神性の悲喜劇的な側面を強調したのはジョルジュ・バタイユである（「ヘーゲル、死と供儀」、『純然たる幸福』酒井健訳、人文書院、一九九四年参照）。

☆14 「基体的存立」という訳語を当てた subsistance は「下に立っているもの」というラテン語 subsistentia から派生した語で、フランス語では通常「生活の糧、生計」、複数形で「生活必需品」という意味をもつ。ナンシーはこの語を同じラテン語に由来する伝統的な形而上学の用語「実体 substance」の類義語として用いており、上記の動的な「不安（inquiétude）」に対して、確固とした基礎を持った静的な存在のあり方、「所与の、独立した純粋な自己に閉じこもる自己」として、本書冒頭から一貫して批判・検討している。

☆15 「或るもの（quelque chose）」「物（la chose）」「他のもの（l'autre chose）」はここで典型的に示されているとおり、ヘーゲル論理学における Etwas／das Ding／das Andere のフランス語訳である。

☆16 ヘーゲルは若い頃ヘルダーリン、シェリングと共にヤコービの『スピノザ書簡』を読み、そこで批判されているスピノザの汎神論に大きな影響を受けたとされている。この書簡に登場する「一にして全」という言葉は、当時の彼らのキャッチフレーズとなった。シェリングはこの汎神論の影響の内に「自然哲学」「同一哲学」を展開し、ヘーゲルに大きな影響を与えるが、その後ヘーゲルは『精神現象学』で、シェリングからの決別を果たすことになる。

☆17 この比喩は次のような箇所に登場する。

「しかしこの新たなものは、たった今生まれたばかりの子供と同様、完全な現実性をもってはいない。このことがなおざりにされてはならないのである。初めて登場したということはやっとその直接性あるいはその概念であるに過ぎない。その基礎が据えられたからといって建物が完成したわけではないのと同様、全体の概念に到達したとしてもそれは全体そのものではない。我々が槲《かしわ》の木をその幹の力強さや張り出した枝、おい繁る葉の中に見たいと願っている時に、その代わりに槲《かしわ》の実を見せられても我々は満足しはしない。同様に学、精神の世界の王冠はその端緒において完成してはいないのである」（『精神現象学（上）』、二六―二七頁／Werke 3, S. 19.）

☆18 ナンシーはここで「花とは何であるか」というときの、「である」すなわち判断における繋辞を問題にしている。この être すなわち英語でいうところの be 動詞は、周知のとおりこの繋辞「である」の意味に加えさらに「存在する」という意味を持ちうる。

☆19 ここで「要求」と訳されている仏語は exigence である。exigence はラテン語 exigere（追い出す、駆り立てる、要求する）に由来する語であり、「外へ（ex）」「動かす、動揺させる（agere）」という語から構成されている。以下「要求」とあるときにはこうしたニュアンスがあることに注意されたい。

☆20 「原始的蓄積」はマルクスの用語。マルクスは『資本論』第一巻、第七篇で、資本主義経済の成立に必要な「資本の原始的蓄積」が暴力的な封建経済の解体とそれに伴う労働の流動化によって生じ、資本主義社会の成立を準備したことを描いている。
☆21 カントの道徳哲学における重要概念。「自然の国」が自由を欠いた因果関係の法則によって支配されているのに対し、「目的の国」は道徳的法則によって支配された国であり、そこでは目的としての人格が実現され、同時にこの人格の共同体が成立しているとされる。人類はこの国の実現に向けて努力することを義務づけられているが、カントにおいてそれは理想であるにとどまる。
☆22 「新カント学派」の用語であると思われる。近代における自然科学の発展に伴い、自然科学と精神科学の分離という問題が十九世紀末から哲学的テーマとして取り上げられるようになった。そこで、「文化」あるいはこの「価値の地平」という概念が両科学の価値を総体的に捉えるものとして主張された。
☆23 二十世紀フランスにおけるヘーゲル受容の方向性を決定づけたコジェーヴはその講義で、『精神現象学』の解釈として「歴史の終焉」を説いた。これに影響を受けたフクヤマは、九〇年代この「歴史の終焉」を東西冷戦の終結と重ね合わせ、自由主義陣営の勝利を主張した。
☆24 absolution はカトリックの文脈で「(告解の秘跡で司祭が与える) 罪の赦し、赦免」を意味する言葉。ここでは「絶対化 (absolutisation)」と対比させられているが、両者ともラテン語の solvere (解放する、自由にする) に由来する語である。
☆25 ここで「事実」と訳した fait は動詞 faire (為す、作る) に由来する。またここで fait と仏語訳されているのは、ドイツ語原文ではラテン語の Faktum である。以下このことを踏まえて議論が展開されていることに注意されたい。
☆26 「事柄そのもの (la chose même, die Sache selbst)」は、ヘーゲルが『精神現象学』で「物(Ding)」に対して提起した概念。物が固定的、静的、無内容で単に客観的なものであるのに対し、「事柄そのもの」はその制作に関わる労働の過程を内包し、労働を通じて精神的営みが物質へと浸透した結果としての物である。したがってこの「事柄そのもの」はヘーゲルにおいて主観の客観への浸透の一つのモデルをなしている（『精神現象学（上）』、四四六頁以下／Werke 3, S. 294ff. 参照）。ただし、ここで典型的に表れているように、ドイツ語のSache（事柄）とDing（物）に対してフランス語はchoseという一つの語しか持たない。そのため以下では、choseの訳語として、文脈上意味が明確な場合を除いては、「事柄＝物」と両者を併記する。

☆27『創世記』冒頭のラテン語「光あれ！（Fiat lux !）」に由来する。

☆28 このようなハイフンでつながれた独特の表現に関して、本書の前年に出版された『単数複数存在』の序文において、ナンシーは自分の言語表現が不可避的に煩雑になることについて次のように断りを入れている。「この『共に［avec］』の論理は、『相互共存在［être-les-uns-avec-les-autres］』を言い表わすにあたって、非常に重い統語法を度々強いる。以下のページを読むに当たって恐らく読者は苦労されることだろう。しかし、言語が『共に』そのものを呈示するのになかなか適さないのはおそらく偶然ではない。『共に』はそれ自体が宛先であり、宛てなければならないものではないのだから。」（*Être singulier pluriel*, *op. cit.*, p. 14.）

☆29「啓示宗教」とは、『精神現象学』では自然的事物を信仰する「自然宗教」、人間によって制作された作品を信仰する「芸術宗教」と区別された、無形の対象を信仰する宗教である。これには、他の二つの宗教形態よりも高い位置が与えられており、具体的にはキリスト教を指す。この啓示宗教において、神が自らをイエスにおいて外化したものとして示すことによって、神とは精神、自己意識そのものであるということが明らかとなる。

☆30 出典はアウグスティヌス『告白』、第三巻、第六章、第十一節。〈Tu autem eras interior intimo meo et superior summo meo.〉「あなたは私の最も内なるところよりももっと内におられ、私の最も高きところよりもっと高きにおられました。」（『世界の名著一四 アウグスティヌス』山田晶訳、中央公論社、一九六八年、一一六―一一七頁。）

☆31「補償（compensation）」も「昇華（sublimation）」も精神分析の用語。「補償」はアドラーの用語で、精神的・身体的に劣っていると感じるときに、これを補い克服しようとする心理的働きである。「昇華」はフロイトの用語で、抑制または抑圧された欲求が、その解消のために文化的・社会的に容認された価値の高い活動、例えば芸術、学問などへの努力に転化されることを指す。

☆32「an sich（即自）」の訳語に関して、ナンシーは「en soi（自己において）」と「a même soi（自己に直に接して）」の区別にこだわっている。ヘーゲルの仏語翻訳において、an sich はしばしば en soi と翻訳されてきた。だが、ヘーゲルは「in sich（自己内）」という語も用いており、en soi という訳語はこの語をも連想させる恐れがあり適切とは言い難い。ナンシーはそれゆえ、彼自身の解釈を込めながら「a même soi（自己に直に接して）」という訳語を提案する（*cf. La Remarque spéculative*, Galilée, 1973, pp. 111-113）。ナンシーは前置詞 an が「〜に接して」「〜の傍らに」「〜の縁で」といった意味をもち、自己同一性の含意を何ら持たないことに着目する。「an sich（即自）」はしばしばそう考えられてきたように、他者との関係を欠き、単にそれ自身において、自己に密着するように存在する有り様ではない。また、対自へと移行する以前に、概念が自己の内にとどまりながら、弁証法運動の萌芽を含みながらその抽象的自己同一性を保っている状態でもない。ナンシーによれば「an sich（即自＝自己に直に接して）」は、自己の縁に接している限りにおいて、自己の内と外に常に既に相接する状態を指す。留意しなければならないのはそれゆえ、この自己の外縁そのものを抽出できるわけではないという点である。自己の縁といった実体的輪郭などなく、この縁は自己の内部を閉ざすと同時に、これを外部へと開いている移行運動そのものである。ヘーゲルの弁証法の過程は「an sich（即自）」に端を発するが、この始まりにおいて既に、ヘーゲルの〈自己〉は自己の許にありながら他者へと嵌入しているのである。本書でナンシーは an sich に en soi という従来の訳語を当てながらも、a même soi という解釈をさらに付加することで、an sich が自己の内と外への移行状態を意味することを積極的に示そうとしている。

☆33「動物磁気学（animalischer Magnetismus）」は、ヘーゲルの時代に盛んに研究されていた、心と心との言語や物質を介さない直接的な交流に関する研究。例えば、催眠術や、未来の予視、遠く離れた場所を見る遠視能力など今日から見れば超常的な現象を研究する学問であった。ヘーゲルは該当個所で、当時の研究における多くの事例を挙げながら、この「動物磁気学」を論じている。

☆34 言うまでもなく、『精神現象学』、B、「自己意識」、Ⅳ、A「自己意識の自立性と非自立性」でヘーゲルが描いた二つの自己意識の弁証法的プロセス。他者の承認を求める二つの自己意識は、「生と死」を賭けて互いに他の自己意識と闘争する。そこで死の恐怖に打ち勝った自己意識は主人に、死の恐怖の前に立ち止まった自己意識は奴隷となり、奴隷の主人に対する一方的な承認の関係が成立する。さらに、欲望と労働をめぐってこの両者の関係の展開が描かれる。

☆35 この章でナンシーは sens という仏語の二義性を念頭におきながらヘーゲルを論じている。sens は、ここで言われているように、「意義や、思惟や、物の普遍者」、すなわち語の概念的、理念的意味などと言う場合の知性的なものと、「直接的把握の諸器官」、すなわち（複数形で）感官、五感を表す場合の感性的なものとを同時に表す。本来ならば、「意味＝感官」と常に二重表記するべきところだが、ここでは煩雑さを避けて「意味」とだけ訳した。

☆36 原文は〈le sens de la relève est, ou prend, la relève du sens〉で、「交代するprendre la relève」という熟語が用いられている。ところで、デリダが Aufheben の従来の仏訳語 depasser（超過する）、surmonter（乗り越える）、supprimer（廃棄する）に代えて新たに relever を当てた際、彼はこの熟語を意識していた。「aufgehobene（止揚された）、つまりそれは、高められたと同時に廃棄されたということだが、これからこのことを relevée と言うことにしよう。高められると同時に自分の役目から解除され、ある種の昇進にあたって、後を継いで交代する prend la relève ものに取って代られる、という意味で」（Jacques Derrida, *Marges*, Minuit, 1967, p. 102）。

☆37 原文は〈Moi, la vérité, je sais…〉で、ラカンの定式〈私は真理であり、私は話す Moi, la vérité, je parle…〉を転用している（「科学と真理」、『エクリIII』、佐々木孝次他訳、弘文堂、一九八一年参照）。

☆38「妨げられた欲望」はヘーゲルによる労働の有名な定義。先に登場した「主人と奴隷の弁証法」の叙述の中で登場する。欲望は直接的に対象を食い尽くし、無化しようとするが、これは自分が依存する対象自身を消滅させるという矛盾をはらんでいる。したがって、生存は、この欲望の成就を延期し、労働することによって可能となり、労働は対象を無化するのではなく、形成する。奴隷の意識はこの形成において永続性を獲得するとされる。

☆39「美しき魂」はヘーゲルが初期から持ち続けてきた重要なモチーフであり、当時のロマン主義的な意識のあり方を表している。『精神現象学』ではこの「美しき魂」は、D、VI、「精神」、B、c「良心 美しき魂、悪とその赦し」において登場する。「良心」はカントの主観的で形式的な道徳の立場の克服として登場し、後者の立場においては意識の内にありながらも意識そのものからは疎遠なものであった道徳法則が、良心においては意識の内に取り戻される。しかし、この良心は自らと対象の区別を失い、自分自身だけを知ることによって、自らを外化する能力を持たない無力な個別性となる。これが「美しき魂」である。この「美しき魂」はその自己に閉じたあり方によって、「普遍的意識」との関係を失い、「悪」そして「偽善」へと転落するとされる。

☆40「不気味なものétrangeté inquiétante」はフロイトの Das Unheimliche の仏訳語である。

ヘーゲル・テキスト選

（訳者注）ドイツ語原書、日本語訳書の該当個所は、本書冒頭の凡例で示した文献にしたがって示す。

現実性としての思惟

§1

最初の問いはこうである。すなわち、「我々の学の対象とは何か」。この問いに対する最も単純かつ平易な解答は、「真理がこの学の対象である」、というものである。「真理」とはまさしく高次の語であるが、その事柄はなおいっそう高次のものである。人間の精神と心情[★1]とがなおも健全であるならば、彼の胸はその時、直ちに高鳴るに違いない。しかし、その際、「我々は真理を認識する能力をもつのだろうか」という、「しかし」が頭をもたげてくる。我々制約された人間と即かつ対自的に存在する真理との間には不一致があるように思われ、ここに有限なものと無限なものとの架橋についての問いが生じてくる。神は真理である。ではいかにして我々は神を認識すべきか。謙譲や謙虚といった美徳はこのような企てに矛盾しているように思われる。しかしここで、「真理は認識されうるのか」という問いを立て、それによって、有限な目的の卑俗さの

★1 das Gemüt.

なかで人々が生き続けていることを正当化することもできるが、そのような謙虚さは大したことではない。「地上の惨めな虫けらにすぎない私が、真なるものを認識する能力をどのようにして持つというのか」などという言い方は過ぎ去った過去のものである。その代わりに現れたのは自惚れと妄想であり、人々は直接に真なるものの内にいるのだと妄想した。★2 人々は若者たちに、彼らが既にそのあるがままで、(宗教あるいは人倫における) 真なるものを所有しているのだと信じ込ませた。とりわけこのことに関しても、大人たちは皆、非真理にはまり込み、そのうちで丸太や骨のように硬く頑迷になっていると言われていた。つまり若者たちには曙光が輝いたが、古い世界は昼間の沼地のぬかるみのなかにいたというわけである。そのとき諸々の特殊な学問はもちろん修得されるべきものとされてはいたが、それはただ外的な生活の目的のための単なる手段としてであった。したがって、ここで真理についての認識と研究を妨げているのは謙虚さではなく、すでに即かつ対自的な真理を所有しているという確信なのである。むろんより上の世代は自分たちの希望を若者たちに託す。というのも、若者たちは世界と学問とをさらに発展させるべきだからである。しかしながら、この希望が若者たちに託されるのは、彼らがあるがままにとどまらずに、精神の辛い労働を引き継ぐ限りにおいてのみなのである。

真理に対する謙虚さにはなお別の形が存在する。それは我々が、キリストの面前のピラトにおいて見る、真理に反する高貴さである。★3 すべてを終えてしまっている者の、何もその者にとっては意義をもたない者の心情で、ピラトは「真理とは何か」と尋ねた。つまりそれはまたソロモン王が「すべては空しい」と言ったときの心情であった。ここに残っているのは主観的な虚しさだけである。

さらになお、真理の認識に対立するのは臆病さである。怠惰な精神は、「真面目に哲学すべきだなどと思うことはない」、と簡単に言ってのける。人々はまた論理学にも同様に耳を傾けるが、論理学は我々を我々があるところのままにするべきだというのである。思惟がもろもろの表象の住み慣れた領域を越えていくと、邪悪な家々にたどり着くと思われている。海に身を委ね、思惟の荒波にもまれても、ついにはこの世という砂浜にたどりつくのであり、この砂浜を去ったのはまったく無駄だったというわけである。そのような見方から何が帰結するのかを、人々は世界の内で目にするのである。人々はさまざまな技能や知識を身につけたり、おきまりの仕事をする官吏となったり、その他その特殊な目的のために訓練を受けることができる。しかし自分の精神をより高次のもののために陶冶し、より高次のもののために努力するということはそれとは別のことである。我々の時代において、より良いものへの要求が若者たちのうちに芽生えていること、若者たちが単なる外的な認識という藁屑に満足することを望んでいないこと、このことを期待し

★2　ヘーゲルはここで、互いに対立し合い、また真の哲学的知に対立する近代の二つの潮流を批判している。まず、悟性の相対的認識を絶対化する批判主義の潮流、次に、悟性の媒介作用に信仰の直接性を対置する直接知の潮流である。『エンチュクロペディー』第一版と第二版の序言参照。

★3　die Vornehmheit gegen die Wahrheit.

てもよいだろう。

§2

思惟が論理学の対象であるということについては、一般に了解されている。しかし思惟についてはごく矮小な見解も非常に高次の見解もありうる。そういうわけで一方では、「それは一つの考えにすぎない」などと言われる。これはつまり思惟は主観的、恣意的、偶然的であるに過ぎず、事柄そのもの、真なるもの、現実的なものではないということである。しかし他方では思惟についての高次の見解もあるのであり、思惟はひとえにそれのみが最も高次なもの、神の本性に到達するものであり、感官でもってはなんら神について認識し得ないという様に把握されている。神は精神であり、精神と真理のうちで崇拝されることを欲すると言われている。しかし感覚されるもの、感性的なものに我々が認めるのは、それは精神的なものではないということ、そうではなくこの精神的なものの内奥が思惟であり、精神のみが精神を認識しうるということである。もちろん精神もまた感じるものとして振る舞うが（例えば宗教において）、しかし感情そのもの、つまり感情のあり方と、感情の内容とは別のものである。感情そのものはそもそも我々が動物と共通にもつ感性的なものの形式である。むろんこの形式も具体的な内容をわがものとするが、しかしこの具体的内容はこの形式には適さない。感情の形式は精神的内容にとっては最も低次の形式である。この内容、つまり神そのものが真理の内に存在するのは、思惟において、思惟としてのみである。したがって、この意味では思惟とは単に一つの考えにすぎないのであるのみならず、むしろ永遠なものと即かつ対自に存在するものとが把握されうる最も高次のあり方、より正確に言えば、唯一のあり方なのである。

思惟について高低の見解があるように、思惟の学についても高低の見解がある。生理学の研究がなくても消化することができるのと同じく、思惟は、誰もが論理学なしになしうるものだと思っている。論理学を研究したところで、やはり以前と同じように考えるのであり、おそらくはより方法的にはなるだろうが、しかしたいして変わりはないというわけである。もし論理学が単なる形式的思惟の活動に親しませるより他に課題をもたないとすれば、当然論理学は、論理学がなくても生み出されたもの以外には何も生み出さないだろう。以前の論理学は、実際このような位置付けしかもたなかった。ところで、単に主観的な活動にすぎないものとしての思惟について識るのも、人間にとって栄誉であり興味あることである。人間は、自分が何であり、何をしているのかを知っていることによって、動物と区別される。しかし他方では、思惟の学としての論理学にもより高次の立場がある。思惟のみが最も高次の、真なるものを経験することができる限りにおいて、論理学は、思惟の学として高い立場を占める。したがって論理の学が思惟をその活動とその産出において考察するならば（そして思惟は内容のない活動ではない、というのも思惟はこれこれの思惟を産出するからである）★4、内容とはそもそも超感性的世界であり、論理学に取り組むことはその世界に滞在することなのである。数学は数と空間という抽象化に関わる。しかし数や空間は、抽象的な仕方で感性的なものであって、定在を欠いたものではあるにせよ、なお感性的なものである。思惟はこの最後の感性的なものにも別れを告げ、自分自身のもとで自由であり、外的感性とも内的感性とも手を切り、いかなる特殊的な利害関心や傾向をも遠ざけておく。論理学がこのような地盤を持つかぎり、我々は通常習慣になっているよりも論理学をより品位あるものと考えるべきだろう。

§3

単に形式的な思惟の学というよりも深い意味で論理学を把握しようとする欲求は、宗教への、国家への、法律への、人倫への関心によって引き起こされている。かつて思惟には何ら悪しきものはなく、快活に頭脳から出発して思惟していた。人々は神について、自然について、国家について思惟したのだが、思惟によってのみ真理がなんであるかを認識するにいたるのであって、感官や、偶然的な表象および私念によってではないと確信していた。しかしそう考え続けたことによって、生における最も高次の関係が危険にさらされるという結果が生じた。思惟が実定的なものからその威力を奪ったのである。国家機構は思惟の犠牲となった。宗教は思惟によって攻撃され、端的に啓示として通用していたもろもろの確固たる宗教的表象はむしばまれ、古い信仰は大勢の人々の心情の中で転倒された。そのようにしてたとえばギリシャの哲学者たちは古い宗教に対立し、その宗教のもろもろの表象を絶滅させた。だから哲学者たちが追放され、あるいは殺されたのも、本質的に互いに関連していた宗教と国家とを転覆させたゆえになのである。そのようにして思惟は自ら現実性において有力となり、途方もない効力を発揮した。このことを通じて人々は思惟のこの威力に注意深くなり、思惟の要求を詳しく探求し始め、思惟が過度に越権しており、自分の企てを実現する能力がないなどということを見出そうと欲した。神の本質を、自然のあるいは精神の本質を認識する代わりに、そもそも真理を認識する代わりに、思惟は国家と宗教を転倒してしまったというのである。それゆえに自身の帰結に関する思惟の正当化が要求されたのであり、思惟の本性と権限とに関する探求こそが近代において哲学の関心事の大部分をなしてきたのである。

『エンチュクロペディー』第十九節、補遺。仏訳は Bernard Bourgeois, Librairie Philosophique J. Vrin, 1988, tome I, pp. 467-470.［『小論理学（上）』、九七―一〇二頁／Werke 8, S. 68-71.］

★4　ドイツ語のテクストは次の通り。denn es produziert Gedanken und den Gedanken. 私たちの見解では den が脱落しており、次のように読まれるべきだろう。denn es produziert den Gedanken und den Gedanken.

〈自我は純粋に無規定なものである〉

§12

（……）実践的な絶対的反省は有限なものの全領野を超越している。つまり人間が自然によって規定され、外的なものに依存しているような、低次の欲求能力の領野を捨て去るのである。有限性とはそもそも、或るものが限界をもつということ、つまりここにその不在［＝非有］が措定されているということ、あるいはここでその或るものが存在することをやめ、そしてそのことによって他の或るものに関係するということである。ところが無限的反省とは、私がもはや他の或るものではなく、私自身へと関係し、あるいは私が私自身にとって対象であるということである。この純粋な私自身への関係が自我というものなのであり、無限な本質それ自身の根なのである。自我とはすべての有限なものの完全な捨象である。そのものとしての自我は自然によって与えられる直接的な内容を何らもたず、ただひとえに自分自身だけを内容として持つのである。この純粋形式はそれ自身、同時にその内容なのである。自然から与えられた内容はどれも、①制約されたものであるが、自我は無制約である。——そして前者はどれも②直接的に自然の内容であるが、純粋自我は何ら直接的内容をもたない。というのも純粋自我はあらゆる他のものの捨象を介してのみ存在するからである。

§13

まずは自我は純粋に無規定なものである。しかし自我はその反省を通じて無規定性から規定性へと、例えば見ること、聞くこと等々へと移行することができる。この規定性においては、自我は自分自身と不等なものになってしまっている。しかし同時に自我は自分の無規定性にとどまっており、つまりその無規定性へと向かうことによって、自分自身に帰ることができる。決意［résolution, Entschliessen］もまたここに属する。というのも決意には反省が先行するからであり、反省とは私が私の前に複数の規定性を無規定的な量というかたちでもつことではあるが、しかしこれらの規定性は少なくとも次の二つ、つまり或るものについての何らかの規定性であるか、それともそうでないか、でなければならないからである。決意は反省を、つまり一方から他方へと行ったり来たりすることを止揚し、或る規定性を固定し、それを自分のものとする。決断［décision, Beschliessen］の根本条件、つまり決意すること、行為する前に反省することの可能性の根本条件が、自我の絶対的無規定性なのである。

§14

意志の自由とは普遍的なものにおける自由であり、他の諸々の自由はすべてこの自由のあり方にすぎない。「意志の自由」と言っても、意志以外にもなお自由をもつような何らかの力とか、固有性とか、能力などが存在するというわけではない。それはまさしく神の全能と言うときに、そこであたかも神以外にもなお全能が授けられているような他の本質があるのだと、理解されているのではないのと同様である。したがって市民の自由や出版の自由、政治的自由、宗教的自由などが存在するが、自由のこれらのあり方は、特殊的なもろもろの関係や対象に適用された限りでの、普遍的な自由概念である。宗教の自由とは、宗教的諸表象、宗教的諸行為が私に何ら押しつけられないということ、つまりその宗教のうちには、私が自分のものとして承認し、我がものとするような諸規定のみがあるということである。ある宗教が私に押しつけられて、その宗教に関して自由な本質として振る舞うことができないならば、その宗教は何ら私の宗教ではなく、ずっと私にとって異教のままにとどまる。——ある民族の政治的自由とは、この民族が一つの自分固有の国家を形成するということにある。ここで何が普遍的国家意志として妥当するのかは、民族全体によってか、あるいはこの民族に属する人々と、他のすべての市民が彼らと同じ権利を有するが故に、この民族が自分たちの一員として承認しうるような人々とによって、決定される[décider, entscheiden]。

『哲学的プロペドイティーク』。仏訳は Maurice de Gandillac, Édition de Minuit, 1963, pp. 30-32. 〔『哲学入門』、三九−四二頁／Werke 4, S. 220-222.〕

★5 （訳注）ドイツ語原文に従い傍点を付す。

〈神自身が死んだ〉

（……）すべての存在が沈み込んでいく無の深淵としての純粋概念ないしは無限性は、無限の痛みを純粋に契機として表すのでなければならない。無限の痛みとは、さしあたりは歴史的にのみ陶冶のなかにあったのであり、近代の宗教がそこに依拠する感情、つまり、神自身が死んだという感情として存在したものである。（パスカルはこのことを単に経験的にではあるが次のように表現している。「自然とは、人間の内であろうと外であろうとあらゆる場所で失われた神を指し示すような、そういったものである。[★6]」）しかしまた純粋概念ないしは無限性は、この無限の痛みを、最高理念という契機にほかならないものとして表さねばならず、例えば経験的存在を犠牲にするという道徳的戒律か、あるいは形式的抽象の概念かのいずれかであったものに、哲学的な現実存在を与えなければならないのであり、したがって哲学に絶対的自由の理念を、そしてそれとともに、絶対的受苦あるいは、従来は歴史的なものにすぎないと思われていた、思弁的な聖金曜日を、つまり聖金曜日そのものを、神がいない［Gottlosigkeit, impiété：神の冒瀆、背徳］というまったき真理と過酷さにおいて回復させるのでなければならない。そのような過酷さからのみ——というのもより明快で、より無根拠で、より細かいという独断哲学の性格は自然宗教のそれらと同様消え去るべきだからなのだが——、最高次の全体性がまったく大真面目に、しかも最も深い根拠から、同時にすべてを包括しつつ、自身の形態の最も朗らかな自由のうちへと復活しうるのだし、また復活しなければならないのである。

『信仰と知』。仏訳は in *Premiere publications* M. Méry, Éditions Ophrys, 1964, p. 298.〔『信仰と知』、一六九頁／Werke 2, S. 432-433.〕

★6（仏訳者による注）ドイツ語の原文では、フランス語で表記されている。

〈否定的なものの途方もない威力〉

或る表象を分析するということは、すでに通常なされているように、この表象がよく知られているという形式を廃棄すること以外の何ものでもなかった。一つの表象をその根源的な諸要素にまで分解するということは、少なくとも、眼の前に見出される表象という形式はもたず、自己の直接の固有性をなすようなその諸契機へと還帰することである。このような分析はなるほどもろもろの考えへと到達するのであり、これらの考えとはそれ自身よく知られた、確固として静止した諸規定である。しかし本質的な要素はこの切断されたもの、非現実的なものそのものなのである。というのも具体的なものは、自らを切断し非現実的なものにするからこそ、運動するものなのだからである。切断という行為は、悟性の、つまり最も驚嘆すべき最も偉大な威力、あるいはむしろ絶対的な威力の力であり労働である。自分の中に閉じこもったまま静止し、実体として自分の諸契機を保持している円環は、直接的関係であり、それゆえ驚嘆すべき関係ではない。しかし自分を取り巻く環境から分離された偶然的なものそのもの、結びつけられ、他の現実的なものとの関連の内にのみあるものが、自分固有の定在と、切り離された自由とを獲得するということが、否定的なものの途方もない威力なのである。これこそ思惟の、純粋自我のエネルギーである。

死は、我々がかの非現実性をそう呼ぶとすれば、最も恐るべきものであり、死せるものを引き止める★8ことには、最大の力が要求される。無力な美は悟性を嫌うが、それは悟性が美に、美がなしえないことを求めるからである。しかし死を恐れはばかり、荒廃から純粋なままわが身を守ろうとするような生ではなく、死を耐え、死のうちで自らを維持するものこそが精神の生である。精神が自分の真理を獲得するのは、絶対的な裂け目のうちに自分自身を見出すことによってのみである。この威力こそが精神なのだが、それはちょうど我々が或るものについて、「これは何ものでもない」、「あるいは間違っている」などと言い、それで済まして手当たり次第何か別のものに移っていくように、否定的なものから眼を背ける肯定的なものとしての精神ではない。そうではなく精神がこの威力であるのは、否定的なものを直視し、そのもとに滞留することによってのみである。この滞留が、否定的なものを存在へと転換する魔力なのである。そしてこの魔力は我々が先に主体と呼んだものと同じものである。この主体は、自分の境位において規定性に定在を与えることで、抽象的な、つまりただもっぱら存在するだけの直接性を止揚する。主体はそのことによって真の実体であり、存在、あるいは自分の外に媒介をもつのではなく、媒介そのものであるような直接性［immédiatetê, Unmittelbarkeit：無媒介性］である。

★7 Gedanken.

★8 festhalten、つまり、出ていくのを妨げること。

『精神現象学』序文。仏訳は Jean-Pierre Lefebvre, Éditions Aubier, 1991, pp. 48-49.［『精神現象学（上）』、四八-四九頁／Werke 3, S. 35-36.］

〈精神の力〉

しかしながら精神が我々に示したことは、それが自己意識の自らの純粋な内面性への単なる退行であるということでも、実体やその区別の不在［＝非有］への自己意識の単なる嵌入であるということでもなく、次のような自己の運動であるということであった。つまり自分自身を放棄［＝外化・疎外］し、自分の実体へとはまり込み、主体として実体から自らの内へと還帰し、実体を対象および内容とするのと同様に、対象性と内容とのこの区別を止揚するような運動である。直接性からの、かの最初の反省とは、主体が自らの実体から自分を区別するということ、ないしは自らを分離する概念、純粋自我の自己内還帰と生成である。この区別は私＝私という純粋な行為であるので、概念とは、実体を自らの本質として持ち、対自的に存立するような定在の必然性、ないしはその出現である。しかし定在の対自的存立とは規定性において措定された概念であり、そのことによってまた同様に、この否定性ないし運動として始めて主体であるような単純な実体へと下降していく、概念のそれ自身における運動である。自我は実体性と対象性という形式に対抗して、あたかも自らの外化を恐れるかのように、自己意識という形式において自らを堅持するべきではない――精神の力とはむしろ、自らの外化において自分自身と同等なままにとどまり、即かつ対自的な存在者として対自存在を[★9]即自存在と同様に契機として措定することである――し、自我は区別を絶対者の深淵へと投げ返し、区別の同等性を絶対者において言表するような第三者でもない。そうではなく知はむしろ、この見かけ上の非活動性のうちに存しているのだが、この非活動性は、区別されたものがいかにして自分自身において運動し、自らの統一へと還帰するのかを観察するにすぎない。

それゆえ知において、精神が自分の形態化の運動を終えたのは、この形態化が意識の克服されざる区別にとらわれている限り[★10]においてである。精神は自らの定在の純粋な境位、つまり概念を獲得したのである。内容はその存在の自由に従えば、自らを外化する自己であり、あるいは自己自身の知の直接的統一である。内容に即して考察すれば、この外化の純粋運動が、この内容の必然性を形成している。異なる内容は、規定された内容として相関の内にあり、即自的にあるのではなく、その不安は自分自身を止揚すること、あるいは否定性なのである。それゆえ必然性ないし差異は、自由な存在であるのと同様に、自己でもある。そして定在が直接的に思惟であるようなこの自己的形式[★11]においては、内容とは概念なのである。それゆえ精神が概念を獲得したことによって、精神は定在と運動をその生のこのエーテルの内で展開し、精神は学となる。その運動の諸契機は学においてはもはや自らを意識の規定された形態として呈示するのではなく、意識の区別が自己の内に還帰したことによって、規定された諸概念として、有機的な、自分自身に基礎づけられた諸概念の運動として呈示するのである。精神の現象学においてはあらゆる契機が知と真理との区別であり、この区別が自らを止揚する運動であるとすれば、これに対して学はこの区別とこの区別の止揚を含んでおらず、契機が概念という形式を持つことによって、この契機は真理の対象的形式と、知る自己の対象的形式とを直接的統一において統一する。契機は、意識ないし表象から自己意識へと、あるいはその逆向きに行ったり来たりするこのような運動として登場するのではなく、自らの純粋な、意識における自らの現象から解放された形態として登場するのであって、純粋概念とその前進はもっぱらその純粋な規定性に依存している。その逆にまた学のおのおのの抽象的契機には現象する精神一般の一形態が対応している。定在する精神が学よりも豊かであるわけではないように、この精神は自らの内容において学よりも貧困というわけでもない。意識の諸形態というこの形式において学の純粋な諸概念を認識するということは、学の実在性の側面を形成しているのであり、この側面に従えば、学の本質、つまり学のなかで自らの単純な媒介において思惟として措定されている概念が、この媒介の諸契機を互いに分解し、内的対立にしたがって自らを呈示するのである。

同書、pp. 521–522.［『精神現象学（下）』、四〇二―四〇四頁／*Ibid.*, S. 587–589.］

★9（訳注）フランス語では、「即かつ対自的な」がイタリックにされているが、ドイツ語原文に従い、「対自存在」に傍点を付す。
★10 behaftet.
★11 selbstisch.

〈欲望の充足〉

自己を意識する主体は、外的な対象と即自的に同一的なものとして、自らを知る。それは対象が欲望の充足の可能性を含んでいること、したがって対象が欲望にかなったものであること、そしてまさにそれゆえに、欲望が対象によって呼び起こされることを知っているのである。それゆえ客体との関係は主体にとって必然的である。主体は客体のうちにそれ固有の欠乏、つまりそれ自身の一面性を直観するのであり、客体のうちに、自分自身の本質に属していながら、それにも関わらず自分には欠けている或るものを見るのである。自己意識はこうした矛盾を止揚しうる状態にある。というのも自己意識は、存在ではなく絶対的な活動性であるからである。そして自己意識がこうした矛盾を止揚するのは、いわば単に、自立的であると称するにすぎない対象を力づくで奪い――この客体を食い尽くすことによって充足し――そして自己意識はそれが自己目的であるがゆえに、この過程の中で自らを保持することによってなのである。その際客体は「必然的に」没落しなければならない。というのも両者、主体と客体はここでは直接的なものだからであり、そしてこの直接的なものが一つのもののうちに存在することができるのは、直接性が、しかもさしあたりは自己を欠いた客体の直接性が、否定されるというような仕方でしかありえないからである。欲望の充足によって、主体と客体との即自的に存在する同一性が措定され、主観性の一面性と客体の見かけ上の自立性が止揚される。しかし、欲望する自己意識によって無化される限りにおいて、対象は徹底して疎遠な暴力に屈服しているかのように見えるかもしれない。しかしこれは仮象であるにすぎない。というのも直接的客体は、その個別性において自身の概念の普遍性には対応していないので、「必然的に」それ固有の本性、つまりその概念にしたがって、自らを止揚しなければならないのだからである。自己意識は客体そのものの現象する概念である。したがって、自己意識による対象の無化において、対象はそれ自身の概念の威力によって、つまり対象にとってひとえに内的である概念、しかしまさにそれゆえに、ただ外から対象にやってくるにすぎないように見える概念の威力によって、没落するのである。こうして客体は主観的に措定される。しかし、すでに言及したように、客体のこうした止揚によって、主体はまた自分固有の欠如を止揚するのであり、「区別なき自我=自我」と「外的客体と関係づけられた自我」とのうちへの、自らの分裂を止揚するのであり、そして自身の客体を主観的にするのと同様に、自らの主観性に客観性を与えるのである。

「精神哲学」、『エンチュクロペディー』、第四二七節、補遺。仏訳は Bernard Bourgeois, Librairie Philosophique J. Vrin, 1988, p. 530.［『精神哲学（下）』、第五一節、補遺、四一—四三頁／Werke 10, S. 217.］

〈自らを知る真理〉

自由な精神、つまりそのものとしての精神は、一方では自らを純粋で無限な形式、制約なき知へと、他方ではこの知と同一である客体へと、自らを分割するような理性である。この知はここではまだ自分自身以上のいかなる内容ももっていないが、それ自身のうちですべての客観性を捉えるという、したがって客体は外から精神に到来するような、精神によって捉えることのできないような或るものではないという規定を伴っている。こうして精神は端的に普遍的な、全く対立を持たない自己自身の確信である。それゆえ、精神は世界において自分を見いだすだろうという、世界は精神と親しいものでなければならないという、そしてアダムがイヴについて彼女は自分の肉体から生じた肉体であると言うのと同じく、精神は世界において自分自身の理性に由来する理性を見出すべきであるという自負をもつ。われわれにとって理性は主観的なものと客観的なものとの、対自的に存在する概念と実在性との統一として生じた。したがって精神は、それが絶対的な自己自身の確信、理性の知であるという限りにおいて、主観的なものと客観的なものの統一の知、つまり、その客観が概念であり、そして概念は客観的であるという知である。それによって、自由な精神は、主観的な精神の理論の第一部門と第二部門において考察された、普遍的な二つの発展段階の統一として示されるのである。二つの段階とはすなわち、心、つまりこの単純で精神的な実体★12あるいは直接的な精神の段階と、意識あるいは現象する精神、つまり前者の実体の自己分割の段階である。というのも自由な精神の諸規定は心の諸規定と主観的なものを共有し、逆に、意識の諸規定と客観的なものを共有しているからである。自由な精神の原理は、意識という存在者を心的なものとして措定することであり、また逆に心的なものを客観的なものにすることである。この精神は意識のように一つの側面として客体に対立しており、心のように同時に二つの側面であり、それゆえ総体性である。したがって、心は直接的な、意識を欠いた総体性としてのみ真理であり、これに対して意識においてはこの総体性は自我と自我にとって外的な客観とに分割され、したがってそこでは知は、まだいかなる真理ももたなかったのであるが、これに対し自由な精神は、自らを知る真理として認識されねばならないのである。

同書、第四四〇節、補遺。*Ibid.*, pp. 537-538.［同書、六四節、補遺、六六―六七頁／*Ibid.*, S.230-231.］

★12（訳注）仏訳には「この単純で普遍的な実体 cette substance universelle simple」とあるが、ドイツ語原文に従う。

〈神の像としての精神〉

我々が見てきたように、自由な精神はその概念によれば、主観的なものと客観的なものとの、つまり形式と内容との完全な統一、したがって絶対的な総体性なのであり、そしてまたそれゆえに無限であり、永遠である。我々はこの精神を理性の知として認識した。精神がそのようなものであり、理性的なものをその対象としてもっているので、精神は主観性の無限な対自存在と呼ばれなければならない。したがって精神の概念に属するのは、精神において、主観的なものと客観的なものとの絶対的統一が単に即自的であるだけでなく、対自的でもあるということ、したがって知の対象であるということなのである。知とその対象、形式と内容との間に君臨し、一切の分離、それゆえ一切の変化を退けるこうした意識された調和のゆえに、人は精神をその真理にしたがって永遠なるものと、そしてまた完全に浄福なるもの、聖なるものと呼ぶことができるのである。というのも理性的であり、理性的なものについて知っているものだけが、聖なるものと呼ばれ得るのだからである。それゆえ外的な自然も単なる感覚もこの名を名のる権利を持たない。直接的で、理性的な知によって浄化されていない感覚は、自然的、偶然的、それ自身に外的であり、バラバラであるという規定性を背負い込んでいる。それゆえ、感覚や自然的な諸々の物の内容においては、無限性はただ或る形式的で抽象的なもののうちにある。それに対して、精神はその概念あるいはその真理によれば、その区別においても絶対的に自己自身と同一であるにとどまるという具体的かつ実在的な意味において無限であり永遠である。それゆえ精神は神の像として、人間の神性として示されなければならない。

同書、第四四一節、補遺。*Ibid.*, p. 539.［同書、六五節、補遺、七〇―七一頁／*Ibid.*, S. 232-233.］

〈思惟は存在である〉

思惟は知性の第三のかつ最後の主要発展段階をなしている。というのも思惟においては、直観において現前し、即自的に存在する、主観的なものと客観的なものとの直接的な統一が、表象においで生じるこの二つの側面の対立から、こうした対立の分だけ豊かになった統一として、つまりは即かつ対自的に存在する統一として再興されるからであり、それゆえにこうした終わりがかの始まりのうちに曲げ戻されているからである。したがって、表象の立場においては、一方で想像力［＝構想力］によって、他方では機械論的記憶によって引き起こされた――後者の場合には私は私の主観性に暴力を加えるのにもかかわらず――主観的なものと客観的なものの統一は、まだ何か主観的なものにとどまっているのに対して、思惟は自分自身を事柄の本性として知っているので、思惟においてはかの統一は客観的であると同時に主観的でもある統一という形式を受け取るのである。確かに哲学をなにも理解しない人々は、「思惟は存在である」という命題を聞くならば、両手を頭上で打ちならすことだろう。しかしながら、一切の我々の営為の根底には思惟と存在との統一という前提があるのである。我々がこうした前提を立てるのは、理性的存在つまり思惟する存在としてである。にもかかわらず、我々が単に思惟するものであるだけなのかどうかということと、それとも我々が我々を思惟するものとして知ってもいるのかどうかということが区別されなければならない。我々はいかなる状況においても前者であるのだが、それに対して後者が完全な仕方で起こるのは、我々が純粋な思惟にまで自らを高めたときだけである。後者は、感覚や表象ではなく、ただ自分自身だけが、諸物の真理を把握することができるのだということ、そしてそれゆえにエピクロスの主張、つまり「感じられたものは真なるものである」という主張は精神の本性の完全な歪曲と呼ばれなければならないということを認識している。しかし、まさしく思惟は抽象的で形式的な思惟にとどまっていてはならず――なぜならこうした思惟は真理の内容を引き裂いてしまうからである――、そうではなく思惟は具体的な思惟、概念把握する認識へと自らを発展させなければならない。

同書、第四六五節、補遺。*Ibid.*, p. 561.〔同書、八九節、補遺、一五三―一五四頁／*Ibid.*, S. 283-284.〕

絶対的概念

学はそれ自身において、純粋な概念の形式を放棄［＝外化］するという、こうした必然性を含んでおり、同様にまた概念の意識のうちへの移行をも含んでいる。というのも自分自身を知る精神は、まさしくその概念を把握しているがゆえに、自己自身との直接的な同等性であるからであり、さらにこうした同等性はその区別において直接的なものについての確信、あるいはまた感性的意識、つまりはそこからわれわれが出発した始源であるからである。このように精神をその自己自身の形式の外へと追いやることは、その自己知の最高の自由と確証[★13]なのである。

にもかかわらず、この外化はまだ不完全である。したがって、この外化は自己自身の確信の、その対象との関係を表現しており、この対象はまさにこの関係のうちにあるという点において、その完全な自由を獲得してはいないのである。知は単に自己自身を知っているだけではなく、また自己自身の否定的なもの、つまりはその限界をも知っているのである。自身の限界を知るということが意味するのは、自分を犠牲にすることを知るということである。この犠牲こそが外化なのであり、この外化において精神は、その純粋な自己をその外にある時間として直観し、同様にその存在を空間として直観しながら、自身の精神への生成を自由で偶発的な生起［Geschehen, événementialité：出来事性］の形式において表現するのである。精神のこの後者の生成、つまり自然は精神の生き生きとした直接的な生成である。自然、つまり外化された精神はその定在において、その存立のこうした永遠の外化、主体を産出する運動以外の何ものでもない。

しかしながら、精神の生成のもう一つの側面、つまり歴史は、知り、自らを知らせる［＝自らを媒介する］[★14]生成、つまり時間へと外化された精神である。しかしこの外化は、全く同様に外化自身の外化であり、否定的なものはそれ自身の否定的なものである。この生成は諸々の精神の緩慢な運動と継起、つまり諸々の絵画［＝像］の画廊を呈示している。この絵画のそれぞれは精神の完全なる豊かさを備えており、まさしく、自己が自身の実体のこうした富全体に浸透しそれを消化しなければならないがゆえに、非常に緩慢な仕方で運動するのである。その完成が、それが何であるのかを完全に知ること、つまりはその実体を完全に知ることのうちにあるのである限り、この知は精神が自己のうちに入ること［＝自己内行］[★15]なのである。この自己内行において精神は自身の定在を離れ、自らの形態を想起に委ねる。精神の自己内行において、精神はその自己意識の夜のうちに沈め込まれている。しかしその消滅した定在は、この夜のうちに保存されているの

★13 die Sicherheit

★14 sich vermittelnd. ヘーゲルはここで、ニュースを伝える、情報を伝達するといったことを表す vermitteln の日常的な意味を用いて言葉遊びをしている。

★15 das Insichgehen.

であり、この廃棄され、取り除かれ、脇に置かれた［aufgehobene：止揚された］[★16]定在——以前の、しかし知から新たに生み出された定在——は、新たな定在、新たな世界、新たな精神形態なのである。そこにおいて精神は、あたかも先行するすべてのものが精神にとって失われたであろうかのように、そして、それ以前の諸々の精神の経験からはなにも学ばなかったかのように、全く無邪気にその直接性において始めから始め[★17]なければならず、そこから再び自らを大きくしていかなければならない。しかし、想起はそれが内化[★18]でもあることによって、こうした経験を保存しており、実体の内的なもの、実際により高次の実体の形式である。それ故、もしこの精神が自らの陶冶・教養を、それ自身から出発するに過ぎないように見せかけながら、再び開始するならば、それが開始するということは同時により高次の段階にあるのである。定在においてそのように陶冶・形成された精神の王国は、そこにおいて一方の精神が他方の精神に取って代わり、そのそれぞれが先行するものから世界の王国を引き継いで来たという継起をなす。この継起の目的は深遠なるものの啓示であり、深遠なるものとは絶対的概念である。したがってこの啓示は概念の深遠さの止揚、あるいは概念の延長化[★19]であり、自我の外化あるいはその実体であるところの、この自己内に存在する自我の否定性である。そして概念の時間は、この外化が自分自身において自らを外化し、そうしてその延長化およびその深みにおいて自己にとって[★20]存在しているという時間である。この目的、つまり絶対的知、あるいは自らを精神として知る精神へ道のりとは、それ自身のもとに存在し、その王国の組織化を成し遂げる諸々の精神の想起である。これらの精神の保存は、偶然性の形式のもとに現象するその自由な定在という側面からいえば、歴史である。しかし他方、それらの概念把握された組織化という側面からみれば、これは現象する知の学である。この両者が一緒になって、概念把握された歴史が、絶対的精神の想起とゴルゴダの丘を[★21]、絶対的精神の玉座の現実性、真理、そして確信を形成する。この玉座なしには絶対的精神は生命なき孤独であるだろう。ただ、

この精神の王国の聖杯から
精神にその無限性が泡立つ[★22]。

『精神現象学』。仏訳は Jean-Pierre Lefebvre, Éditions Aubier, 1991, pp. 523-524.［『精神現象学（下）』、四〇五―四〇八頁／Werke 3, S. 589-591.］

★16　ここでは aufheben の第二の意味が［仏訳において］いささか遊ばれており、そのせいで冗長な表現になっている。
★17　言葉遊び。unbefangen［無邪気に］anzufangen［始める］.
★18　（訳注）ドイツ語の想起 Erinnerung は、語源的には「内面化すること」を意味する。
★19　die Ausdehnung. この語は能動的な含意を持つ。つまり、拡張化、拡大化、しかもむしろ「水平的」な意味でのそれらである。
★20　第三格。dem Selbst ist.
★21　die Schädelstätte. 丘、骸骨の山、すなわちキリストの受難の地である。こうした起源のもつ含意、この定式的即物性の含意はドイツ語においての方がフランス語の「カルヴァリオの丘［＝十字架像 calvaire］」よりも強く、この後者の語も、語源的には同じ意味をもつが、十字路に設けられた十字架の石像と混同されてしまう。歴史とはまた広大で過酷な骸骨の山、苦悩と死の保存庫でもある。
★22　Aus dem Kelche dieses Geistesreiches/Schaumt ihm seine Unendlichkeit. シラーの詩『友愛』（１７８２年）の最後の部分からの引用であるが、必ずしも正確ではない。諸々の世界の主人、至上の存在は諸々の精神を自らの像として創造した。しかし、似姿を発見したのではなく、ただもっぱら無限性を発見したのである。ヘーゲルはシラーの詩の終章の意味を、nur（ただ）というフレーズから始め、die Unendlichkeit（無限性［＝永遠性］一般）を seine Unendlichkeit（その［精神の］無限性［＝永遠性］）と置き換えることによって、曲解している。このことによって、この諸々の精神と神性との間の弁証法的な、より楽観的な結びつきを導きいれているのである。

三つの読解——解説に代えて

ヘーゲルに無限なる存在論的開けを切り込む

西山　雄二

ジャン＝リュック・ナンシーは、カント・ヘーゲル・ハイデガーといったドイツ哲学を基軸とする秀逸かつ大胆な哲学研究と、「共に在ること」の倫理を同時代的に探求して止まない姿勢によって、デリダ以降のフランス哲学者の代表格として、僚友フィリップ・ラクー＝ラバルトと共に、既に日本でもよく知られている。ナンシーは、『無為の共同体』（雑誌初出は１９８３年、単行書刊行は１９８６年。西谷修・安原伸一朗訳、以文社、２００１年）、『共出現』（１９９１年。大西雅一郎・松下彩子訳、松籟社、２００２年）において「共同性」、「共存在」の問いに本格的に取り組み始めた。その後、彼の主著の一つ『単数複数存在』（１９９６年）では、ハイデガーの「共存在」を起点として〈存在〉の単数＝複数性が探求され、「第一哲学」そのものの練り直しが野心的に試られていた。「我々」という章で結ばれる本書『ヘーゲル　否定的なものの不安』（１９９７年）はこれら三作との理論的な連続性をもつといっていいだろう。ちなみに、ナンシーが日本を訪れたのは本書を執筆した直後だった。

本書においてナンシーは、ヘーゲル哲学の解説・紹介という枠組みを越えて、共同性という彼自身の問いへの稜線をなす構成を設定し、独創的に解釈されたアクチュアルなヘーゲル像を描き出している。選出された「不安」から「我々」に至る十一の論点は、ヘーゲルにおける論理、言語、存在といった問題系から、歴史、自由、共同性といった問題系までを網羅するものである。『大論理学』や『エンチュクロペディー』、『精神現象学』が特に参照されながら、ナンシーが繋辞（être）の多用を意図的に選好するためだろう、畳み掛けるような肯定文の連続と切れの良い簡潔な筆勢で記述は進められる。ナンシーの手に掛かれば、観念論哲学者老ヘーゲルは世界を総合し、全体化をもたらす無感情な思想家ではない。また、「歴史の終わり」や暴君的な「大文字の主体」、弁証法という冷徹な運動を人類にもたらした張本人でもない。そうではなく、ヘーゲル哲学は絶対者の許で大文字の歴史として決して成就されない哲学、つまり、「我々」が今、ここに実存するという赤裸々な事実と切り離すことができない、世界の意味を産出し続ける実践的な哲学に他ならないのである。

「不安（inquiétude/Unruhe）」——ナンシーがヘーゲル読解の鍵語として選んだこの語は、キルケゴールやハイデガーが用いた実存主義的な「不安（angoisse/Angst）」とは全く異なるものである（ちなみに原著者によれば、副題「否定的なものの不安」はジジェクの『否定的なもののもとへの滞留』を意識したものではない）。それは、ナンシーが『エンチュクロペディー』第三七八節補遺から説き起こすように、ヘーゲルのいう「精神（Geist）」が静止を欠いた状態、休息なき状態を指す。ヘーゲルによれば、精神は自己との分離を意識し、自らを験す。つまり、精神の否定性の弁証法的進展は、自己が自らと分離することによって自己へと進み、自己へと回帰する運動なのである。

しかしそもそも、ヘーゲルの哲学が不安な生成状態にあることは見やすい事実であるはずだ。絶対知へと至る彼の哲学体系は、二つの事象の矛盾が弁証法的に止揚される運動から成り立つからである。そうであるなら、ヘーゲルを不安という論点で読み解くナンシーのどのような点が独創的なのだろうか？

まず第一に、自己の不安な在り方に対するヘーゲルの見立てを確認してみよう。「存在」を発端とするヘーゲルの論理学の中で、「純粋存在」と「純粋無」が統一された「生成」の段階に目を向けてみよう。「純粋存在」は言わば最も単純な規定態であり、「在るということ」以外に規定をもたないがゆえに、差異を欠いた全くの空虚である。また、「純粋無」も規定を欠き、自己自身と同一で何ら差異を孕んでいないために完全なる空虚である。「純粋存在」と「純粋無」は一見対立する規定態であるかにみえるのだが、両者は同じ純粋な規定態であり、それゆえここに同一性と非同一性の矛盾が生じる。ヘーゲルはこうした「純粋存在」と「純粋無」を同一／対立の関係に置くのではなく、それらが互いの内へと移行しあう関係、つまり「生成」へと記述を進める。生成は、無が存在へと移行する生成運動と存在が無へと移行する消滅運動という二重の規定の内にある。こうした二重の消失運動を自己の内に抱える「生成」はしかし、再び純粋な無や純粋な存在へと帰着することはない。自己の内に矛盾を持つ「支えの欠けている不安」（『大論理学』、第一書、第一篇、第一章、三）である生成は、この矛盾ゆえに存在と無の静止状態へと必然的に導かれ、「定在」へと至る。

このように、ヘーゲルの存在論の端緒である生成において、存在と無との矛盾は「もっぱら両立不可能な不安として、運動として表出されうる」（同書、第一書、第一篇、第一章、注解二）。したがって、ナンシーの問いの掛け金はさしあたり次のような表現で示される――ヘーゲルが描き出したこの存在論的原光景における不安をどのようにして別様に解釈するのか？

次に、不安に対する別の見立てを、ナンシーも最終章「我々」で依拠している『精神現象学』の緒論において確認しておきたい。この緒論では、意識がどのようにして真なるものを現実的に経験するのか、という哲学における認識作用が本文に先立って検討されている。「絶対者はそのままで既に我々の許に在り、また在ろうとする」（『精神現象学』緒論）が、意識の経験はこうした「我々」とは切り離されない位相にある絶対者を捉える。意識はここで知とほとんど同義であるが、この知は対象を静態的に把握する知ではない。それは、意識がこの世界の中で様々な対象を把握していくと同時に、自らの在り方をも反省する、そんな動態的な知である。意識は絶対的なものの現象を把握するのだが、だからといって、意識は自然的なありのままの意識を脱して実在的な意識へと直ちに移行するわけではない。意識がそれまでは自然的・感覚的に知られていた事柄が、実在的な知との照合を経て反省され、意識は新たに自らを越え出ていくのである。新たな経験によってそれ以前の知が疑義に付され、意識はさらなる自己へと追い出されていく。意識が絶対知へと至るまで、こうした不安の状態は止むことがない、つまり、「自己そのものは不安である」（同上）。意識はこうした不安の状態においてこそ、その目標を自己の前に差し出すことができるのである。

　このようなヘーゲルの経験概念を、ハイデガーは彼自身の〈存在〉概念のもとで丹念に読み解いている（「ヘーゲルにおける経験概念」、『杣径』、茅野良男、ハンス・ブロッカルト訳、創文社、一九八八年）。ハイデガーによれば、ヘーゲルの経験とは存在者の〈存在〉にその宛先を定められた、意識が〈存在〉を現れ出るがままにさせる事態である。意識の経験によって顕現させるべき絶対者の臨在はそれゆえ、あらゆる存在者の根底に横たわる〈存在〉に他ならない。〈存在〉が顕現する契機とみなされたハイデガーの「現存在」さながらに、意識は〈存在〉を経験によって把握していくのである。ハイデガーにとってヘーゲルの不安は、「我々」を前方へと進行させる実在的なものの実在性であり、この実在性が自らの真理において自らに現出する限りにおいて、「我々」はこのような不安の運動の内にある。つまり、ハイデガーにとってこの緒論は、『精神現象学』の本文からは独立した優れて存在論的な記述であり、ここで存在者は既に〈存在〉の現前に立ち合っているのである。

　ところで、ナンシーはハイデガーの存在論に深く影響を受けながらも、ハイデガーとは異なる理論的立場を常に模索してきた。例えば、本書でも度々用いられる「露呈＝外措定する（exposer）」という動詞だが、ナンシーはこの接頭辞がもつ「外へ（ex）」という移行運動を踏まえながら常に決定的な場面でこの語を選択する。この「露呈する」という運動は、バタイユ、レヴィナス、ブランショの最良の読解者であるナンシーにとって、有限な存在者が〈存在〉へと帰着することなく、むしろ〈存在〉の外へと無際限に委ねられる事態を指す。有限な存在者は〈存在〉という堅固な地平を自己固有化するのではなく、〈存在〉の外へと露呈して実存するのである。

ナンシーがヘーゲル解釈において不安という切り口を用いるのは、ハイデガーの〈存在〉概念を参照しながらも、存在論的な開けをヘーゲルの哲学体系に導入するためである。ヘーゲルを読むナンシーはそれゆえ、ヘーゲルを読むハイデガーを斜めから読み解くナンシーであるといっていい。ヘーゲル哲学が描出するのは絶対者の臨在という〈存在〉の現前に立脚した世界の稠密な厚みではなく、絶対者の現前に対して精神が自らを外に向かって露呈させ、存在論的な空洞を穿つ不安な移行状態である。生成における「支えのない不安」は、存在論的な「不気味なもの(étrangeté inquiétante)」としてヘーゲル哲学を試練にかけるのである。

そうしたナンシー流の存在論的ヘーゲル解釈は、本書のクライマックスといえる「自由」の章でひとつのスリリングな出遭いを導く。ここでは、不安という基調主題と「ヘーゲルにおける最も困難な問いの一つである」自由の問いが、ハイデガーによる死の「不可能性の可能性」やフロイトのいう「不気味なもの」と関係付けられながら、極めて密度の高い議論として展開されるのである。あたかも、ナンシーが選出した主題である「不安」が、この死という「不気味なもの」に、「〈自己の外〉という固有性を自己固有化する出来事」に辿り着くかのようである。つまりナンシーは、ヘーゲル哲学の全体性を、自己固有化の運動が「自己の外」へと露呈する、まさにその震動する境界線上から読みかえているのである。

しかしながら、確答を得るにはまだ早い。念のためにもう一度確認しておいた方がいいだろう、不安という最もヘーゲルらしい弁証法の現場に無際限な開けを切り込むという試深など、ヘーゲルによって「予め」止揚されているのではないだろうか、と。ヘーゲルは「真無限―悪無限」の対立を熟慮することで、その哲学体系の外部に向かって空洞が穿たれるという致命的叛乱を「予め」回避したのではなかったか、と。

ヘーゲルのいう「悪無限」とは有限と無限が対立している状態で、有限が無限の位相を把握することができずに、有限から無限への滑り行きが直線的に繰り延べられ、際限のない無限進行がなされる現象である。これに対して、「真無限」はそのような外部としての無限を知らない。それは有限を自己の内部に含む無限である。他者と見えるものが否定の否定という弁証法によって常に自己の内部へと還帰する真無限こそが絶対者の規定としてふさわしい。絶対者は円環の軌跡をなしながら自己還帰を繰り返すからである。ヘーゲルが、絶対者の生成過程そのものを真無限として肯定し、悪無限を厳しく退けるのも当然といえよう。

こうしてみると、「自己の外」を問いにかけるというナンシーの野心的な抵抗は、ヘーゲルにしてみれば、悪無限として既に了解済みなのではないだろうか。いやそうではなくて、そもそも、ナンシーによるヘーゲル哲学体系の外への裂開は、有限の外部に位置する無限への訴えによってはなされない。ナンシーはあくまでも有限な実存者に定位しながら、超越的な外部のない世界としてヘーゲル哲学を解釈しようとしているのだから。この意味において、むしろ不思議なことに、ナンシーは真無限の立場に立ち、「上空飛行」的視点を欠いたまま完全にヘーゲルの目線で世界を眺めているかようなのだ。ナンシーがそれでもヘーゲル哲学の内部で無限との邂逅を果たすのは、彼のいう無限がむしろ真無限の直中に到来する無限、真無限の最中で活動する無限であるからだ。ヘーゲル哲学の外部を志向するのではなく、始まりもなく終わりもない、いかなる基礎付けも欠いたこの世界という真無限を十全に肯定すると同時に、それゆえにこそ、この世界の中にあらゆる実存が露呈される宛先として無限が開示されるのである。それはいわば、真無限の内にその都度、悪無限が到来することによって生じたこの世界の裂節であり、そうした「無限なる現勢態」の開けである。ナンシーのいう不安とは、有限者が自己から分離することによってその存在論的差異に空洞を穿ち、その内在性の内で無限性を到来させる「出来事」なのである。彼が多用する「ex（外に）」という接頭辞はこのような真無限における内なる外という方位を指し示す羅針盤となる。それゆえ、「いかにして精神は、その有限性を露呈＝外―措定しながら、自らを無限者として見い出す有限者であるのか」（本書、五五頁）という屈折した問いが導く光景、これこそがヘーゲルの「思惟」の実相なのである。つまりそれは、ヘーゲルの内在的な哲学体系を肯定しながら、それでもなお、その体系の外部へと有限者が曝されるような開けを信じる可能性に他ならない。いわば、ヘーゲルの哲学体系は完結しうる一つの営みではなく、常に再び開始するしかないような非―営み＝無為なのである。

こうした今、ここに実存する個別性＝特異性に徹底して差し向けられているナンシーの視点は、本書における「その都度」「まさしくここで」「ここと今」といった副詞句の多用からもうかがえるだろう。ただしこの個別性＝特異性は単にそれ自身で孤立した堅固な有限者ではない。『無為の共同体』以来ナンシーが固執しているように、これは「分割不可能な個」といった考えとは相容れないものだ。個別性＝特異性は、自らの有限性において常にその無限性へと直に接しているため、絶えず他の個別性＝特異性と共にある。例えば「私の決断」という明らかに主体の行為と考えられるものも、ナンシーによれば私の内の他者による決断に他ならない。したがって、個別性＝特異性は自閉した自己でもなければ、また、歴史の進展を担う「英雄」（ヘーゲル）や「賢者」（コジェーヴ）へと変貌するわけでもなく、歴史、自由、共同性といった問いを構成する「我々」と深く通底するのである。自由に関して言えば、ナンシーは自由はいかなる所与にもなりえないと言明する。主体の法的権利の確立によっても、社会的・政治的体制によっても自由は確保されるものではない。自由はさらに解放されて、外―措定されてこそ自由となるのである。自由は何か自己固有化されるべき所与の実体をもたず、常に自らの規定性を逃れる贈与の運動である。したがって、自由は「私の自由」や「あなたの自由」ではありえず、常に「我々へと」生起する運動ということになる。

ナンシーは最後に、最も彼らしい「我々」という主題を設え、『精神現象学』の序文と緒論を引用しながら本書を結ぶ。既にコジェーヴが注釈しているように、『精神現象学』は弁証法的に進展する精神の「当の意識にとっての（für es）」記述と、既に絶対知に到達した哲学者ヘーゲルの視点、つまり、ヘーゲル自身と彼を理解する読者という「我々にとっての（für uns）」学的記述とに分割される。こうした物語論的《ナラティヴ》な構造が『精神現象学』を支えるのだが、序文と緒論は完全に絶対知（「我々」）の立場から記述されている。こうしたヘーゲルの「我々」をナンシーはそれぞれの個別性＝特異性の本性である不安そのものとして解釈する。絶対者の傍らに存在する以上、「我々」はこの世界の生成運動の直中にあって、その都度自らの固有性を露呈させる。ナンシーの記述が最後に辿り着くのは、否定的なものの不安な力域での「我々の間」という存在論的共同性である。諸個別性＝特異性とはそれゆえ、こうした「我々の間」という複数性を今、ここで、その都度担う単数存在に他ならないのである。

「不安」の存在論と「我々」の時代

大河内泰樹

ヘーゲルの／我々の時代の経験

ヘーゲルが直面し、そして取り組んだ時代、つまり共同体という紐帯を失い、宗教が共同的意識を構成する力を失いつつあった時代、これがナンシーとヘーゲルを結ぶ一つの糸であり、二人が「不安」を共有する一つの点である。このヘーゲルの時代は、同時に「我々の時代」でもあるのだ。ヘーゲルの時代に幕を開けつつあった灰色の時代、つまり近代は、未だに我々が生きるこの時代をも規定している。ナンシーにとって「近代」はそもそもその始まりから、進歩と幸福を約束する楽観的な像を提供しなどしなかった。むしろそれは「不幸な意識」の時代であり、我々はこの不幸から逃れる術を未だに知らないのだ（その限りでナンシーにとってはポストモダンが一つの時代を画することはなかった。cf. J.-L. Nancy et J.-C. Baily, La Comparution (Politique à venir). Christian Bourgeois, 1991, p. 49)。

この時代は、信じるべき「所与」を失った時代である。この所与には、「神」「宗教」「善」といった超越的価値のみならず、従来近代の原理と考えられてきた「自我」、「私」、「主観性」といったものも含まれている（従ってナンシーにとってはデカルトもカントも近代ではない）。ヘーゲルは、こうした一切の「所与」を否定することによって「主体」について思惟したという逆説において、この時代の哲学者なのである。ヘーゲルの時代に始まり、現在まで続く時代、それがナンシーの理解する「我々の時代」、近代である。

ナンシーがこうした独特の近代観を通じて問おうとするのは、古い共同体の解体以降可能な共同体の形態についてである（しかしそうした古い共同体自体、実は存在したことなどなかったのだが）。ここでもヘーゲルはナンシーにひとつのモデルを提供する。つまりこうした時代に直面したヘーゲルは、共同体を諦め、時代に妥当させた新たな「社会」形態を理論化するというもうひとつの選択肢をとらずに、あえてこの時代における新たな共同体のあり方を模索したのである。

しかしこれは「回帰」を意味するわけではない。ナンシーにおいて、そして一般的な理解に反してナンシーの理解するヘーゲルにおいても、共同体への衝動を突き動かしているのは、古き良き共同体への郷愁ではないのだ。この点でナンシーは、古代ギリシアのポリスへの憧憬を少なくとも若きヘーゲルが共有していた、そしてナンシーがラクー＝ラバルトとともに以前取り組んだドイツロマン主義の精神からの決別をヘーゲルに見いだす。

通常、「共同体以降の共同体」という問題に対するヘーゲルの回答と見なされるのは彼の「人倫」ないし「国家」であろう。しかし本書においては、こうしたヘーゲルにおける「政治的なもの」に積極的に触れられることはない。それどころか、ナンシーはヘーゲルの「人倫」とそこに見られる「国家」に「哲学の厳格な要求の縁取り」としての価値しか認めないのである（四八頁）。しかしまた、ナンシーが共同体の哲学者としてのヘーゲルに共感を覚えていることはこの著作から容易に見て取ることができるだろう。では、彼はヘーゲルにおける共同性をどこに見出すのか。それは、その存在論においてである（これはナンシーが共同体の問題を政治的問題から存在論的問題ととらえるようになったことと呼応する。本書英訳の解説と以下のナンシーのインタヴューを参照。rien que le monde, in: Vacarme 11（printemps, 2001））。ここで共同性の問題は、「政治」の問題ではなく「存在論」の問題として取り扱われることになる。これは他ならぬ「我々の時代」の「存在論」である。その限りで、ナンシー＝ヘーゲルはこの時代に可能な新たな共同体を目的として措いているわけではない。我々はこの時代において既に、否応なしに「共同体」の中にいるのだ。

「不安」の存在論

「不安」、「生成」、「移行」、「動揺」……度々この著作に登場するこれらの語はナンシーがヘーゲルに見いだす共同体の存在論を表現する語である。本来「非―平静」「非―静止」を意味する「不安」（inquiétude/Unruhe）という語が典型的に表しているように、これらの語はいずれも、存在（あるいはナンシーに倣っていえば実存）が、自らの同一性の内に休らうことができないことを表している。存在はそれ自身で既にそれ自身ではなく、常に他者へと移行しており、そうして他者の内にあることで自己自身である。つまり、その同一性は動揺しており、むしろこの同一性が動揺することによって自己と同一なのである。まさにヘーゲルは、ある規定性の成立には常にその他者が必要とされること、あらゆる規定性が他の規定性を必然的に含んでいることによって、この規定性そのものが解体し、次の規定性へと移行しなければならないことを明らかにして来たのだった。つまり、ナンシーが共同性をみるのは、存在は他者によって徹底して媒介されているというこのヘーゲルの存在論においてである。われわれはナンシーがヘーゲルのうちに見出すこうした存在論を「脱構築的存在論」と呼ぶことができるだろう。ハイデガーの「存在論の解体」のプログラムに端を発した「脱構築」はここで、「存在論」そのものとなる。存在は他者と媒介されることによって常に脱構築されている。そして、休らうことがないこと、つまり「不安」という脱構築において、他者と結びつき「我々」をなす。

この存在論の中では、いかなる「所与」もそのままで放置されることはない。哲学は思惟による物への浸透という実践なのである。ヘーゲルは労働、つまり主体の物への浸透という「実践」を問題とした。「事柄そのもの」とはまさに、労働において所与であることを否定された「物」である。いや、実はそもそも「物」さえその始めから所与ではなく、それが所与である様に見えたのは、それが二重に媒介、つまり「脱措定」されていたからであった。

ここでナンシーは自己固有化（appropriation）という概念を新たに活かそうとしている。この概念はこれまで、例えば初期デリダで見られたように、他者を自己へと回収するという、むしろ否定的な意味で使われてきた（それ故この語はしばしば「我有化」と訳されてきた）。しかし、ナンシーにとってこの語は、抽象的な「我」（「暴君としての私」本書、一〇九頁）の支配のもとに他者をおくことを意味するのではない。「固有 propre」、それは、むしろ「その自己としての他者のうちに到来したもの」（八七頁）である。つまり自己の「固有性」の中には、すでにこの自己が「他者」へと移行すること、その限りで自己の存在が動揺させられているということ、さらにそのことによって他者と共にあることが含まれているのである。その限りでこの「自己固有化」はここではいかなる形而上学的暴力も意味しない。ヘーゲルの悪名高い絶対者もナンシーにとっては決してこのような超越的な自己（あるいは他者）を意味するわけではない。「絶対者」もまた「我々」以外の何ものでもないのである。

こうした我々の時代は、にもかかわらず、いやだからこそ「不安」であり「不幸」である。ヘーゲルの時代＝我々の時代に可能な「共同体」は我々にいかなる安らぎを約束するものでもない。過去への回帰と未来への投影という安易なロマン主義に依拠するのではなく、我々はこの時代の「灰色の上に灰色を塗る」（四七頁）しかないのであり、信仰でも作品でもなく、宗教でも芸術でもなく、我々の時代は概念という灰色の時代、つまり哲学の時代なのである。

存在論への「外」の介入――「詩」と「決断」

ここまで見てきたようにナンシーは、ヘーゲルを常にロマン主義の精神から引き離そうとする。

そのかぎりで、ヘーゲルにおいて哲学は芸術や宗教よりも高次に位置づけられているというのだ。したがって、ロマン主義がもっとも重んじた「詩」という形式もまた、ヘーゲルの「思惟」を表現する手段としては、不十分なものと見なされる。しかし、にもかかわらずヘーゲルは、例えば『精神哲学』に見られるジェラレッディン・ルミからの引用や、『精神現象学』を締めくくるシラーの「友情」からのかの有名な引用など、度々「詩」という表現手段に訴えている（一〇九～一〇頁）。こうした箇所でヘーゲルが、本来彼の思惟を表現するには適当でないはずの「詩」という形式を用いざるを得なかったこと、ここにナンシーは、ヘーゲルの限界、ヘーゲルのテキストにおける「他者」の介入、つまりヘーゲル自身の「動揺」を見る。

しかし、このヘーゲルにおける外部の介入は逆説的に「不安」には外部が存在しないことを明らかにしているといえよう。「不安」の体系をそのものとして断言するならば、この体系は再び実体化されてしまうことになるだろう。テキストに外部の介入を見るというこのオーソドックスな脱構築の身振りはこの再実体化を妨げる機能を果たす。いかなる思惟も固定されない、つまり、「不安」にさらされていなければならない。それが例え「不安」そのものとしての思惟であるとしても。

同じようにナンシーが、ヘーゲルの存在論の内への「外」の介入、断絶の契機をみるのは「決断」においてである。「決断」という語はここまで見てきたヘーゲルから最も遠い概念であるように思われる。なぜなら、ヘーゲルにおいては全てが媒介されており、「決断」という直接性の入り込む余地はないように見えるからだ。しかし、ナンシー自身も指摘しているように、ヘーゲルは確かに「決断」について語っている。この決断は、「始まり」に関する決断である。体系は閉じている。その限りでその外にいるものにとっては入り口が存在しない。したがって、哲学することを始めるには、いきなり体系の中に飛び込むことを決断するしかない。

ナンシーは、この哲学するという決断は、「抽象的な主体」による決断であるという。しかし、こうした「抽象的な主体」は、ナンシー自身がヘーゲルと共に「所与」として批判するものではなかったのだろうか。哲学にこうした主体による「決断」が必要なのだとしたら、そして「決断」がこうした主体の自由意志に基づく行為であるとしたら、哲学は「哲学しない者」という外部を持ち、「思惟」ではなく「恣意」に委ねられてしまうことになってしまうだろう。

ナンシーはこうした問題に直接、解答を与えているわけではない。しかし、彼によれば「決断」とは直接的な始まりを意味するわけではない。むしろ、哲学が「始まり」も「終わり」も持たないからこそ、いかなるそうした所与にも哲学を委ねないためにこそ、決断が必要とされるのだ。この決断は、所与の流れに打ち込まれる断絶である。哲学するという決断は、「抽象的主体」が自らを「思惟の存在への浸透」に身をさらし、「不安」の存在論の中に身をおくという決断である。そしてこの決断を通じて初めて、この抽象的な決断の主体である「私」は自分の無規定性を越え、自らを解放し、自由となることができるのだ（一三四頁）。この「決断」の理解において暗黙のうちに参照されているのは、「決断」を所与の可能性の選択ではなく、「事実的可能性の投企」そのものととらえたハイデガーであり、ここでナンシーはすでにヘーゲルを離れている。しかし、今この「決断」によって我々に開示されるのは、この主体の可能性ではなく、その「不安」という現実性である。ナンシーによれば「決断」は常に「実践」である。そして哲学史とはこの「決断」という断絶の連続である。その限りで「哲学」とは常に、物に浸透する思惟という実践、「意味の実践」にほかならない。

「意味の実践」について

村田憲郎

意味

「意味」をめぐる考察はすでにデリダやドゥルーズにも見出されるが、デリダが『幾何学の起源 序説』(青土社、二四六頁)で「歴史性とは意味なのである」と述べたときも、ドゥルーズが『意味の論理学』(法政大学出版、六頁)で「ノエマとは純粋な出来事ではないだろうか」と述べたときも、共通の参照枠はフッサールの現象学だった。しかしナンシーは、本書からも明らかなように、フッサール現象学とは別の仕方で「意味」を考えようとしている。

デリダが『声と現象』(理想社、一四八―一五〇頁)において、フッサールの「意義作用」を「自分が話すのを聞く」と規定したとき、この「純粋自己触発」は声の操作でなければならないとされていた。「触れる―触れられる」という触覚的経験の場合には、身体の内面的表面を還元することができず、超越論的意識への還元が徹底しない。これに対して「自分が話すのを聞く」は、空間的なものを迂回せずに純粋に時間の中で、現在という時間点において話すことと聞くことの同時性を保つことができる。

そしてまた『グラマトロジーについて』(下巻、現代思潮社、五〇頁)では、ルソーにおける自慰行為とエクリチュールとが「代補」の運動によって結びつく過程が描かれる途上で、身体的な「触れる—触れられる」の経験に性的自己触発を留めておくことによって、「純粋」自己触発と欲望とを分離しようとする、「ロゴス中心主義」の「最後の策略」と現象学を特徴づけている。したがってこの意味で、「自分が話すのを聞く」へと接近しようとすること、「自分が話すのを聞きたい」ということは、「触れる—触れられる」の経験を自己の身体へと制限することによって、自らの純粋な生を保とうとする欲望であると定義することができる。しかしこの欲望の運動は同時に、自らをその具体的生から分離する運動であるがゆえに、死への運動でもある。

ところで周知のようにデリダは、時間の中で時間点の同一性を保つとされる「自分が話すのを聞く」という「純粋自己触発」の中にすでに「疎隔化」の運動が働いている以上、超越論的主観性の内面性が純粋に保たれることはありえないことを示した(『声と現象』同上、一六〇頁)。

ナンシーが本書の冒頭で「意義そのものの死」(本書、一四頁)と呼ぶものもこのことと無関係ではない。なるほどここでは直接にはカント的な「道徳的世界観」のもとでの「置き換え」に関する『精神現象学』の記述が参照されている。しかしナンシーは『世界の意味』で、フッサール的な主観性による「エポケー」の不可能性にも触れている。

「意味のエポケー、意味の「素朴な定立」の「宙づり」、「括弧入れ」などは存在しない。エポケーそれ自身がすでに意味のうちに、そして世界のうちに取り込まれている。意味それ自身が無限に宙づりにされ、未決にされていること、未決が意味の状態あるいは意味の意味そのものであるということ、このことは次のことを妨げはせず、逆に強制する。つまり、意味の宙づりという可能な挙措——それによって意味の終末あるいは意味の起源への接近が存在するかのような挙措は存在しない、ということを」（*Le Sens du monde*, Galilée 1993, p. 36）。

こうしてナンシーのもとでは自己触発は世界へと送り返され、「触れる—触れられる」の経験が再びその具体性において考えられる。「意義が問題なのではなく、我々の実存があらゆる可能な意味で触れそれによって触れられる限りでの、具体性そのものとしての世界の意味が問題なのである」（*ibid*, p. 22）。したがってここでの具体性とは、触れるものと触れられるものの「疎隔化」において、しかしまた欲望のもとで、ということだろう。

さらには「触れる—触れられる」の経験は彼において、人間的身体の経験のみではない。例えば彼が別のところで展開している「境界線」をめぐる問題系もまた、人間的身体から解放された「触れる—触れられる」の経験であると言えよう（“*A la frontière, figure et couleur*” in *Le Désir d'Europe* La différence, 1992 参照）。デリダなら「原エクリチュール」と呼ぶような差異があるところにはどこでも、意味の自己固有化の運動が起こるのである。

実践

このように見るとき、彼がもはや例えば即自に対する自由な主体の単なる外的な否定作用として実践を捉えているわけでは無いことも明らかである。

しかし他方でナンシーがポイエーシスではなく「プラクシス」と語るとき、彼は一つの決断をしているように思われる。「哲学的決断とは、顕現的なものに依拠しないことである」（本書、七〇頁）。どのような認識のもとに、彼はこのような決断を自らに課すのだろうか。

このこともやはり「意味」が「宙づり」ないし「未決」の状態にあるということ、つまり「意味」が「真理」と分離してしまっているという認識に由来する。「真理」は、「顕現されたものの感性的および知性的な理解のあらゆるあり方の彼方にある」（六三頁）。この「真理」と「意味」が合致しているとみなし、真理を自己固有化すると僭称するような言説を、彼は『世界の意味』では「神話」と呼んでいる。

「哲学がその誕生および構成からして、神話の名のもとに自身から区別してきたものを、哲学は意味と真理との無媒介的同一性（呈示された意味と物語られた意味との一つの道）と性格づけた――この無媒介的同一性に対して、哲学は意味も真理も認めなかった」（*Le Sens du monde*, p. 39）。

それゆえ、神話的な言説には「スタイル」というものがない。ゲーテからドイツ・ロマン主義、ニーチェを経てベンヤミンに至るような、「スタイル」をめぐる問いは、まさしくこの点をめぐって神話を問題にして来たのであった。「神話それ自身はスタイルなしに存在する。それはスタイルの彼方にある。露呈についての問いは、文彩と物語とが互いの無媒介的統一を保証している場合には立てられない」(*ibid*, p. 39)。詩的な言説の価値をなすのが形式的な「意味」、つまり「文彩」であり、これに対して生活実践的あるいは経験科学的な言説の価値をなすのが実質的な(括弧つきの)「真理」、つまり「物語」であると言いうるとすれば、この両者が渾然一体となっているような言説がまさしく「神話」なのである。

ここで想起されるのはラクー=ラバルトの次のような一節である。「作品と労働への共同体(国家―唯美主義としての国家―社会主義)は、自らが作品と化し、自己を自己自身の労働の対象とする。かくして、優れて主体的なプロセス、つまり自己―形成と自己―生産のプロセスを完成するのである」(『政治という虚構』藤原書店、一四〇頁)。制作活動による芸術家の自己形成、労働者の生産活動による自己形成、そしてこうした分業の有機体的統合による共同体の自己形成、「芸術作品としての国家」を、ドイツ思想はひそかに夢想してきたのであり、その延長上で国家社会主義が生まれたとする認識は、ラクー=ラバルトの『政治という虚構』の主要な論点の一つである。

こうした一連のポイエーシスに対して、「実践」、プラクシスとしての哲学は、「意味」と「真理」との乖離を受け止めつつ、上の二つのジャンルを往復しつつ、ポイエーシス、「自己制作」の営みを絶えず流動化するようなものであるだろう。

「哲学とは、意味の実践なのである」（二三頁）。しかしそれはいわゆる「哲学者」の専門的な行為にとどまらず、あらゆるところですでに起こりつつあるものであることが分かる。「意味」はもはや主体の意義作用の相関者ではないのだから、こうした実践はそれに先行する特定の哲学的主体の営みであるのではない。仮に哲学的主体というものを定義しうるとしても、逆にそれは哲学的「意味」によって触れられてはじめて生成するようなものであるはずである。実際ナンシーは、本書最終章の「我々」から明らかなように、「我々」一般から哲学的主体としての「我々」をいかなる意味でも区別していない。この意味で彼はカントからマルクスにいたる、「世界市民」のよき伝統を全く違う形で再び肯定しようとしている、とさえ言いうるように思われるのである。

あとがき

本書は、Jean-Luc Nancy, *Hegel. L'inquiétude du négatif*, Hachette, 1997 の全訳である。本書には次の英語訳があり、訳文を検討する上で参考にした。
Hegel. The Restlessness of the Negative, trans. by Jason Smith and Steven Miller, University of Minnesota Press, 2002.

翻訳の分担に関しては、訳者の三人がそれぞれ自分の関心に近い章を選んでほぼ均等の分量で訳出し、その後三人で互いの訳文を検討したあと、西山が訳語と文体との統一の便宜を図った。巻末の「ヘーゲル・テキスト選」は、村田と大河内がヘーゲルのドイツ語のテキストを参考にしながら訳出した。一通りの訳稿が出そろった後も、三人で徹底して議論を重ねながら、最後まで修正を繰り返した。その結果が本訳書である。

読みやすい訳文となるように三人で最大限尽力したつもりだが、訳者の浅学菲才のために日本語として読み辛い箇所や単純な間違い、見落としもあるかもしれない。先学諸兄、読者の方々の御批判、御教示を切に乞う次第である。

一橋大学の鵜飼哲先生には、出版社との仲介の労をとって頂いたのみならず、訳稿が一通りできあがった段階で、御多忙の中時間を割いていただき、全文を通して適切なアドヴァイスを頂いた。また、原著者のジャン＝リュック・ナンシー氏には、Eメールを通じて、いくつかの質問に答えていただき、翻訳の上で参考にさせていただいた。お二人にはこの場を借りて心から御礼申し上げたい。特に、鵜飼先生の御助力なしには、この訳書は生まれなかっただろう。

また、本書の完成を長い間辛抱強く待って下さった現代企画室の太田昌国氏にも、ここで感謝の意を述べさせていただきたい。

数年前、まだ日本にいた私達三人が、現代フランスの哲学者とドイツ観念論哲学者との思想的対話がつまった本書に興味を引かれ、読書会の文献としてこの著作を選択したことが翻訳の発端となった。今奇しくも三人ともがフランスおよびドイツでそれぞれの研究をする中、この訳書が完成を見ることになった。小さな著作の翻訳としてはあまりに多くの時間を費やしてしまったかもしれない。しかし、その間に三人で交わした議論は、それぞれの財産となり、訳文にも大いに反映されているはずである。本訳書が、ささやかではあるが、日本におけるドイツ哲学研究とフランス哲学研究の架橋となることを訳者一同何よりも願っている。

二〇〇二年七月　パリ／ボッフム　　大河内泰樹・西山雄二・村田憲郎

【訳者紹介】
大河内泰樹（おおこうち・たいじゅ）
1973年生まれ。日本学術振興会特別研究員。
主要論文：「『内的なもの』と『外的なもの』――カントとヘーゲルの実体概念をめぐって――」、ヘーゲル研究会編集委員会編『ヘーゲル哲学研究』第６号、2000年。
「魂（Seele）から精神（Geist）へ――ヘーゲル論理学における形而上学的心理学批判――」、岩佐茂・島崎隆編『精神の哲学者ヘーゲル』所収、創風社、2003年。
E-mail:ohkouchita@yahoo.co.jp

西山　雄二（にしやま・ゆうじ）
1971年、愛媛県生まれ。神戸市外国語大学修士課程を経て、一橋大学言語社会研究科博士課程。現在、パリ第10大学（ナンテール）に留学中。
主要論文：「モーリス・ブランショにおける秘密と文学」、『一橋研究』第28巻１号、2002年。
「ヘーゲル『法哲学』における君主制――ジャン＝リュック・ナンシーの思想を参照しながら」、『一橋研究』第26巻１号、2001年。
翻訳：ドゥルシラ・コーネル『正義の根源』（共訳）、御茶ノ水書房、2002年。
E-mail:nishiyama@club-internet.fr

村田憲郎（むらた・のりお）
1971年、福岡県生まれ。一橋大学社会学研究科博士課程。現在、ボッフム・ルール大学（ドイツ）留学中。
主要論文：「『ノエシス－ノエマ』の同時性と個体的同一性――『ノエシス－ノエマ』分析と時間意識の分析との、分離と関係に関する一解釈」、日本現象学会編『現象学年報』第17号、2001年。
E-mail:noriomuratajp@yahoo.co.jp

【著者紹介】

ジャン＝リュック・ナンシー（Jean-Luc Nancy）

1940年、ボルドーに生まれる。現在ストラスブール大学教授。ドイツ・ロマン主義、ナチズム、デカルト、カント、ニーチェなどに関する独創的な研究で知られる。最近は特に「共同体」概念の練り直しに取り組んでいる。翻訳書に、『無為の共同体』『侵入者』（以文社）、『声の分割』『共同―体（コルプス）』『哲学の忘却』『神的な様々な場』『共出現』（松籟社）、『自由の経験』（未来社）など。編著に『主体の後に誰が来るのか？』（現代企画室）がある。新刊『世界の創造』は現代企画室刊行予定。

ヘーゲル　否定的なものの不安

発行……二〇〇三年四月二五日　初版第一刷一五〇〇部
定価……二四〇〇円＋税
著者……ジャン＝リュック・ナンシー
訳者……大河内泰樹＋西山雄二＋村田憲郎
発行人……北川フラム
発行所……現代企画室
住所……101-0064東京都千代田区猿楽町二―二―五―三〇二
電話――〇三―三二九三―九五三九
ファクス――〇三―三二九三―二七三五
E-mail：gendai@jca.apc.org
http：www.jca.apc.org/gendai/
郵便振替――〇〇一二〇―一―一一六〇一七
印刷所……中央精版印刷株式会社
ISBN4-7738-0213-8　C0036　Y2400E